红利思维

新商业世界增长法则

新媒体　新需求　新模式　新卡位

尤增荣
著

台海出版社

图书在版编目（CIP）数据

红利思维 / 尤增荣著. — 北京：台海出版社，
2023.5
ISBN 978-7-5168-3552-4

Ⅰ.①红… Ⅱ.①尤… Ⅲ.①商业经济管理学—研究
Ⅳ.①F715

中国国家版本馆CIP数据核字(2023)第072261号

红利思维

著　　者：尤增荣

出 版 人：蔡　旭　　　　　　　　封面设计：异一设计
责任编辑：姚红梅

出版发行：台海出版社
地　　址：北京市东城区景山东街20号　　邮政编码：100009
电　　话：010—64041652（发行，邮购）
传　　真：010—84045799（总编室）
网　　址：www.taimeng.org.cn/thcbs/default.htm
E - m a i l：thcbs@126.com

经　　销：全国各地新华书店
印　　刷：鸿博睿特（天津）印刷科技有限公司
本书如有破损、缺页、装订错误，请与本社联系调换

开　　本：880毫米×1230毫米　　　　1/32
字　　数：96千字　　　　　　　　　印　　张：5
版　　次：2023年5月第1版　　　　　印　　次：2023年5月第1次印刷
书　　号：ISBN 978-7-5168-3552-4

定　　价：69.00元

序言

新商业红利助力很多人成就事业

我在这十几年里有幸见过上千名成功融资的创业者，也给多家大型企业做过分享，在这一过程中，我发现基于新商业红利做生意的思维是目前事业有成者普遍拥有的思维。只是绝大多数人没有把这种思维系统化，或者只是一知半解，但他们却靠这种思维吃到了新增长红利。

笔者18年来专注一事——新商业红利的研究、践行和布道，我决定把自己18年来洞察的上千家企业的增长路径，陪跑了近百位创始人和公司的经验，以及自己开创过营收和规模达到独角兽级公司的实战心得体会提炼出来，写成一本书。希望大家能通过阅读本书，了解与掌握大多数人并不是很熟悉的新商业红利思维，有助于各位在做生意时实现降本增效，提高事业的成功率。

目录
CONTENTS

第一章

洞察新商业红利

第二章

新商业红利四部曲

03

第三章

新媒体红利

04

第四章

新需求红利

05

第五章

新模式红利

06

第六章

新卡位红利

01

洞察新商业红利

什么是红利思维

　　互联网时代特别是移动互联网时代的隐形规则是，多数成功企业本质上都在不同程度地借红利的势。可以说，将红利思维落实到事业上是新商业世界提高事业成功率的必备能力，拥有红利思维可以构成核心竞争力。

　　那么，什么是红利思维？

　　红利思维就是让你拥有持续性，捕捉新商业红利能力的逻辑思维。细品下面5个关键词，可以让你一窥红利思维的本质。

　　1.取势——洞察红利；

　　2.明道——解构红利；

　　3.优术——落地红利；

　　4.合众——聚合红利；

　　5.践行——迭代红利。

　　红利思维让业务增长可持续且可控，拥有红利思维可以让你少走弯路、战略策略更明确、事半功倍，红利会驱动生意增长。

拓展认知边界，赚到自己圈子外的钱

红利思维与认知的关系很密切。我们可以想一下，哪些认知才能构成高维的竞争力？

很多人都听过"认知是最高维度的竞争力"这句话，但我认为这句话并不完全对，或者说表述得不够清晰。

在我北漂十几年的时间里，我在各种场景下，面对面接触过成千上万的企业创始人，一起喝茶、聚餐，偶尔还一起喝酒、深聊。在这个过程中，我发现很多创始人之所以能够开创一家公司当大老板，能到天使轮、A轮、B轮、C轮、D轮融资乃至上市，他们肯定有自己独特的认知。特别是我2022年开始发起的私董会，每月都有通过红利拿到成果的私董进行分享，他们的成功都有相似之处。

都说人很难赚到自身认知以外的钱。但是我发现里面有一些创始人最后能跑出自己的圈子，而且生意也能做得比较成功。这些人有个共同的特点，就是拥有接近真相的、靠谱的商业认知。

首先，认知是最高维度的竞争力。这句话有一个很重要的前提：必须是拿到大结果、里程碑业绩的人，给你分享认知才能构成竞争力，至少不会误导你。

其次，这个认知最好仍处在红利期，能够学以致用，并且以能够起到事半功倍的效果为佳。

拓展这样的认知，才能够拥有红利思维，抓住商业红利，实实在在提高你做生意、做事业的成功率。

好生意天然顺势而为，每个红利都是生意机会

"势"字的义项源自土墩斜面所给人的倾向感，以及这种斜面对"圆球"的加速作用。从某种意义上来说，环境就是各种斜面或曲面（包括直立面）的组合。推动或影响事态运行的因素有施动者所施加的"力"，也有事态环境中各种"斜面"所形成的"势"，细加考量则不难确定："势"可以理解为用以显露事态演变特征的"加速度"，以及产生这种"加速度"的影响力，而大家对"势"的感性理解也大多来自类似的画面感。

有人说，时势造英雄。在特定的历史条件下，如社会动荡，使人的聪明才智显露出来，并相互作用，使之成为英雄人物。而在商界做企业也是一样，许多企业家能取得大的成就，更多的时候是其自身努力再加上顺势而为的结果。

从古到今，被频频提到的"势"是个令人着迷又迷惑的词，人们一直都在借力。在商业等许多领域要取得成功，都知道"势"不可或缺、无可替代，但又拿不准"势"具体是什么，包含什么，是天时、地利、人和，还是国际形势。

我认为，至少在商业上，特别是互联网出现后的20多年高速发展期，"红利"可以等同于具象化的"势"。互联网蓬勃发展并

且快速实现民用的这20多年，不只是成就了许多互联网佼佼者，还让数以十亿计的人们借互联网的力，获得了生活方方面面的便利。更有数以百万计的大中小企业、大大小小的老板借互联网的力，从无到有地把生意做大、做强。

迄今为止，还是有许多人不知道如何借助这股大"势"，顺势而为、乘势而上、聚势而强。虽然它一直在变，但是红利也一直在迭代且换各种方式呈现。所以，聚集了上万优秀企业家的长江商学院的校训仅有六字："取势、明道、优术。"第一个关键词就是"取势"，可见"取势"的重要性让学术界和商业界达成了共识。所以洞察"红利"，并将红利落实到自己所经营的事业上，就是取势的践行路径。

只要你面向公开市场去做生意，那么如何借力商业红利去取得成功就是一门必修课。特别是像笔者这种没有什么特殊的背景，也不是天赋异禀，依旧想踏踏实实把生意做大，想在事业上取得一定成就，甚至想把公司做到上市级别或更大，那么商业红利就是很值得依赖的低风险杠杆。如果你有优势资源或是天赋异禀，那么你将会如虎添翼。

亿级用户迁移必然出现的窗口期

—— 超大型用户平台更新换代带来的契机

新商业红利到底是怎么出现的?

其实早在2000年互联网泡沫过去之后,真正的基于互联网高效互联互通能力的新商业平台就出现了。随着这个互联网平台不断迭代,亿级用户同步迁移,产生了许多新的属于时代的商业红利。

譬如,2000年的红利是门户时代;2005年的红利是搜索引擎;2010年前后的红利是移动端的搜索和微博;2015年的红利是以公众号为代表的社交媒体和图文信息流;2020年起的红利是基于大数据的短视频和直播平台。

可见,平均每5年会有一次大规模的用户从旧平台迁移到新平台的现象出现,随之便会出现新一波的商业应用红利。根据这一规律,笔者推测,2025年的商业红利可能是以ChatGPT(人工智能技术驱动的自然语言处理工具)用户破亿后,与人工智能深度结合的互联网应用。

红利平台迭代的重要性为何容易被忽视

大多数企业家不关注红利平台的迭代，是因为觉得产品为王、服务至上，然后运营制胜。

产品力和运营力的重要性是毋庸置疑的，而对大市场商业红利的洞察反而容易被忽视。在企业经营良好的时候，更不会过多关注。只有遇到一个危机，或者是要开拓一个新的第二曲线，但又没有好的突破口的时候，企业家们才会去洞察新的商业红利，而往往这时候为时已晚，或者是所需要花的时间比较长，代价比较大。

还有另外一个原因，就是新红利往往会依附在新平台、新工具之上，随着它们的出现而诞生，企业家往往不是新事物的典型用户，也就会有相应的认知盲区。

商业大佬普遍重视洞察红利
——时势造英雄，英雄懂时势

2010年，学而思上市。笔者根据学而思集团基于当时媒体平台红利做的矩阵站群布局，写了一篇分析文章。刚发上微博就被徐小平等大V转发评论，包括当时还未创立字节跳动的张一鸣也转发收藏了。

字节跳动旗下的App矩阵布局背后的思维逻辑，与学而思有相似之处，都是基于用户的关注和喜好，提前提供相应垂直内容聚合场景。

可见大佬们普遍都对新媒体、新需求、新模式等红利尤为关心，毕竟纵观古今中外史，成大业者都明白一个道理——时势造英雄，而红利就是势。

我列举了几个抓住商业红利的平台：

今日头条

今日头条是一个通用信息平台，致力于连接人与信息，让优质丰富的信息得到高效精准的分发，帮助用户看见更大的世界。今日头条目前拥有推荐引擎、搜索引擎、关注订阅和内容运营等多种分发方式，囊括图文、视频、问答、微头条、专栏、小说、直播、音频和小程序等多种内容体裁，并涵盖科技、体育、健康、美食、教育、三农、国风等超过100个内容领域。

抖音

抖音是一个帮助用户表达自我、记录美好生活的平台。截至2020年8月，包含抖音火山版在内，抖音日活跃用户超过6亿，并继续保持高速增长。

西瓜视频

西瓜视频是一个开眼界、长知识的视频App。作为国内领先的中视频平台，它源源不断地为不同人群提供优质内容，让人们看到更丰富和有深度的世界，放松心情，点亮对生活的好奇心。

懂车帝

懂车帝是一站式汽车信息与服务平台，涵盖内容、工具和社区，致力于为用户提供真实、专业的汽车内容和高效的选车服务，同时为汽车厂商和汽车经销商提供高效解决方案。

皮皮虾

皮皮虾App是年轻人聚集的内容互动社区。皮皮虾以"分享快乐的力量"为使命，致力于打造一个让年轻人最有归属感的平台，依靠丰富的PUGC（专业用户生产内容或专家生产内容）、有特色的互动形式以及独特的社区氛围，让用户自由表达和分享生活中的快乐。

轻颜相机

轻颜相机是一款主打高级感的质感自拍相机，拥有时下最流行的滤镜、美颜效果和海量拍照"姿势"模板，一键就能获得潮流自拍。

飞书

飞书是先进企业协作与管理平台，整合即时沟通、日历、音视频会议、在线文档、云盘、工作台等功能于一体，为企业提供全方位协作解决方案，成就组织和个人，更高效、更愉悦。

番茄小说

番茄小说是一个面向网文热爱者的免费阅读平台，拥有海量正版小说，涵盖青春、言情、玄幻、校园、仙侠、都市、悬疑等全部主流网文类型，致力于为读者提供畅快不花钱的极致阅读体验。目前用户规模超过1亿，是小说类产品中的新兴国民级产品。

巨量引擎

巨量引擎是字节跳动旗下综合的数字化营销服务平台，致力于让不分体量、地域的企业及个体，都能通过数字化技术激发创造、驱动生意，实现商业的可持续增长。

小荷健康

小荷健康是字节跳动旗下医疗健康品牌，致力于为用户提供可靠的健康知识及服务，秉持"尊重科学、敬畏生命"的价值观，旨在帮助每一个人更好地认知健康、获取健康，成为值得信赖的医疗健康平台。小荷App为患者提供特色案例、医疗科普、在线问诊、找权威专家、在线购药、疫苗预约等医疗服务。

Faceu激萌

Faceu激萌是一款很多年轻人都喜爱的相机App，海量酷炫贴纸、激萌表情包、实时美颜、趣味特效、视频跟拍让摄影社交更丰富、更有趣，满足全方位拍摄需求。

【案例1】

传统货架电商的狂欢与落寞
——双十一的风雨12年

"双十一到底会气势如虹持续增长，还是日渐式微？"

视频平台电商似火箭崛起的近几年，大家都开始关注这个问题。

曾几何时，大多数人觉得阿里系和京东构成的电商两座高山不可逾越，结果拼多多发展迅猛，成为第三座高山。

现在基于视频平台生态的，比传统电商覆盖更广、消费挖掘潜力更大的新电商才刚正式拉开序幕，我们正在亲历和见证真正的新电商大时代降临。

近十二年来，阿里官方公布的双十一单日成交额海报数据，看起来是一条美妙得不能再美妙的高增长抛物线。

现阶段大多数消费者对双十一的感知，是当时要提前一天守着零点抢购，更有甚者会请半天假抢购。近几年，大多数人即便是当天中午，也很容易抢到心仪的大品牌货品，这与之前是有着巨大反差的。商家为了完成某些指标，倾尽线上线下、里里外外的资源，就为了把数据做好看。

问题出在哪？

有位每年都参与双十一大促的业内人士告知笔者，这持续增长的数字背后，是不断拉长预售时长、扩大结算场景、弱化计量要求、层层优化后的结果。

新平台崛起稀释消费者时间和预算

毫无疑问，2020年后的双十一对阿里乃至所有传统电商平台而言，是场前所未有的大考验！

反观目前的视频平台，好像天天都是双十一。

头部主播（人气高、收入高的主播）的销量大家看得比较多，日销过亿的直播间比比皆是，降价再降价，五折降得不算多，一、二、三折屡见不鲜。

所以到底是什么力量让双十一无法风光依旧？难道就因为多了几个头部网红主播？

其实不然，视频平台的用户与大电商平台的用户覆盖面交集很深，其消费力被各视频平台大数据支撑下的"兴趣电商"，以及会引起冲动消费的高转化场景不停地消耗与透支。在国民消费力总额相对恒定的前提下，老百姓能用于双十一抢购的预算自然锐减。

大趋势的背后，个人认为是三股红利交织的必然结果。新电商市场份额强势增长的背后，有三个强力的支撑点：大数据挖掘力、网红们引领力和供应链成熟力。

笔者在蝉妈妈平台上研究今年的直播数据后得出，视频内容平台的较高日活跃用户数和用户高留存的特点，再加上以大数据匹配能力为依托搭建的新电商基础设施，无疑全方位赋能了网红和主播们以短视频形式激发他人购买欲和直播间实际购买一体化的能力。

网红们如此卖力地服务数以亿计的买家，少不了成千上万品牌方大力投入资金的支持。因为有坑位费、销售分成和最低价保证，网红主播们卖得理直气壮。消费者购买体验良好的背后，是品牌方为了追求新媒体红利，把本来按效果结算的预算当作品销合一的广告费花了。

许多品牌方会在拼多多旗下的群，开设几天降价特卖的活动，亏个几百万做促销，用低于成本价的价格和超级爆款拉势能，为了最后能在多个平台上将销售额赚回来。

热衷追求新红利的品牌方对视频平台投放趋之若鹜，更出现了"日不落"直播间收割消费者购买力的情况。

有人会有这样的疑问：直播卖货是不是只有粉丝量大的大V网红才行？自己开店如果没人来怎么办？

殊不知，视频平台上有一批特别有意思的直播间，业界称为"日不落直播间"，顾名思义就是几乎24小时不间断、主播三四班倒的直播。无论直播间有多少人在线，主播都会卖力带货。例如"还债达人"罗永浩的直播间，多是开在三更半夜的时候，那时直播间里的看客屈指可数，许多人对此表示不理解。其实这不难理解，假设你在商场里有个摊位，每天24小时有人路过，里边相当比例的人对你卖的东西感兴趣，那你会不会24小时摆摊？只要账算得过来，大多数人都说会。无利不起早，网红层次虽分头、肩、腰、腿、脚，粉丝量有千万级的也有一千不到的，但各有各的求生之道。就是这数以百万计的从业者没日没夜地卖货，间接让双十一风光不再。

夜深人静之时，视频平台的直播间依然人声鼎沸，那么，为何在这种时间段爆发出了能够"肢解"双十一的力量？这就不得不感谢海外的消费者们了。

网红给了商品生命力

可以说，火力全开的网红是商家的强劲助力。

激发消费者的购买欲并促使他们实际购买是一体化链路、力压纯电商平台购物场景。

如果说短视频极大地扩大网民用户量和拉长在网时间，那么短视频搭配直播间无疑提升了用户购买欲和成交率。

短视频激发用户购买欲的能力已被广泛认可，而直播间的交易量也让广大品牌方大为惊叹。在抖音上随便的一天，某个头部网红找个理由做大促，直播几个小时成交额过亿几乎是常态，肩部网红销售额能过千万，腰部网红能成交百万的更是数不胜数。

与此同时，还有许多视频平台用户只浏览尚未消费。笔者身边也有很多人表示不理解：为何那么多人在视频平台上购物？据说在抖音7亿用户里边，目前只有1亿用户产生过购买行为，可见未来增长空间之大。

盛极而衰——当初有多疯狂，现在就有多落寞

传统货架电商与新兴电商的供应链成熟度不是一年两年能拉出差距的，那么拐点在哪里呢？

2021年，美团和阿里均因垄断问题被罚款，让原有赛道的佼佼者们不再能轻易挟持品牌跨平台宣发，品牌多平台卖货的门槛大大降低。

携带着近20年电商打磨的超强供应链，品牌方开始频频在抖音、快手、小红书上现身。先驱者的努力无疑给后进者做了嫁衣，这也是视频电商目前能快速增长的另一个大前提，电商20来年迅猛发展，打造了全域供应链。

视频平台新电商持续性增长背后，个人洞察的3个支撑点就是大数据挖掘力、网红们引领力和供应链成熟力。

笔者在2021年曾提出"抓住一个红利就是个好生意，叠加两波红利出独角兽，三大红利交叉必出独角鲸（又称海洋独角兽。此处指比'独角兽'体量大的生意）"。

这一波时代级的大红利，既属于视频平台，也属于广大的电商从业者、创业者。

　　大势所趋之下洗牌是必然，必将促进整个产业更加良性化发展，让亿万家庭享受更高性价比的产品和服务。

双十一还会存在吗

　　答案是毋庸置疑的，还会在相当长一段时间内存在。毕竟曾经吸引了数以亿计消费者的关注，而且许多品牌旗下的SKU（库存量单位）也在坚守非双十一不降价，这依旧会吸引不少消费者来购买。

　　但更毋庸置疑的一点就是，曾经那种规模量级的双十一难以复返，毕竟已经引领了长达12年了。作为一个国人自创的电商节，双十一的历史使命已经完成，且向后进者交付的使命也即将完成，向其致敬。

有利于双十一的红利不复存在

　　视频平台，是如何"稀释"双十一红利的？

　　首先，短视频留存能力成了新电商发展的基石。

　　互联网圈有句话叫"微信链接生活"，而现在以抖音、快手为代表的短视频与直播平台已经占据了7亿用户每天生活的一部分，抓住了时间最长、最聚焦的关注力和俨然近1/3的日常活动时间，为视频平台卖货提供了有利环境。

　　短视频和直播间相对于传统电商，用户停留时间更长。

其次，短视频和直播平台有着精准定位用户的大数据后台，会更有效率地把商品推给对应人群。

以前我们买东西是上淘宝或京东搜索，按需购买；而现在是自己都不确定自己需要，但短视频平台的大数据分析你可能需要、可能喜欢某种商品，就自然而然地把商品推给你，你在这其中就可能会产生大量的冲动消费和预算外的消费。

通过你每日浏览的视频、看过的直播，大数据已经非常了解你的喜好，大数据已经比你更懂你自己。

【案例2】

东方甄选逆袭的背后

如果没有新商业红利的出现，东方甄选几乎不可能逆袭。

那么在俞敏洪带领下的东方甄选团队，到底"踩"中了哪些新商业红利？

新东方集团在2021年以后，原主营业务陷入了困境。而仅仅在一年后，即2022年6月份，新东方旗下主要以销售农产品为核心的东方甄选直播间就受到了网友的追捧，突然就蓬勃发展起来了。

随着新东方的市值在东方甄选红起来后翻了8倍，大家难免会把它当作是一个俞敏洪带领新东方再次从低谷走向辉煌的案例，一个大企业转型的案例，一个所谓的第二曲线增长的案例。但在俞敏洪看来，东方甄选现阶段所取得的这个成功，其实就是一个更多的偶然性加上一定的必然性所带来的结果。

从企业增长的角度上，俞敏洪也一直在不确定性中寻找企业发展的确定性。他觉得企业增长就是企业的使命，就像个人的成长是每个人的使命一样。一棵树苗种在地里，它就必须生长，农民把庄稼种子撒到地里了，它也必须成长，否则，它就失去了存在的全部意义。所以对于一个企业来说，如果它不增长，就也失去了它存在的意义。

对于大多数企业来说，既然增长是如此重要的一件事情，那作为企业家、老板、创始人，在面对增长的时候到底是怎样的一种状态？为什么有的企业增长了，有的企业不光没有增长，后面反而会消亡？俞敏洪觉得这主要取决于企业面对的外部和内部两大环境，而这两大环境非常复杂，这也是做企业那么难的原因。

面对外部环境的时候，如果一个企业能够顺应大势发展，即使企业做得不那么好，也有生存的余地。大势是往上走的，就如同坐电动扶梯一样。如果电动扶梯往上走，即便你静止不动地站在那，最后你也能跟着往上走；如果电动扶梯往下走，你想往上走，那就得拼命奔跑，甚至即使拼命奔跑，最后也不一定能到达顶端，这就是势的力量。那么对于我们来说，判断大势就变得特别重要。

总而言之，对于外部环境的判断，需要有前瞻性。前瞻性包含了两个方面：一个方面是对大势的前瞻性，另一个方面是对外部环境可能会给企业带来潜在影响的前瞻性，比如竞争或者新科技。

内部环境也有很多不确定性，内部环境的不确定性来自几个方面，比如因为创始人或者企业领导人思想、眼界、格局的改变，遇到困难困境的时候，他制定不同于以往的行动方案，实际上就直接决定了这个企业的生死。没有哪个领域是严重依赖一个企业领导人的智慧来生存的，企业和商业的兴衰为什么会变成常态呢？这是因为企业领导人能力、格局、眼光的不同所带来的变化导致的。

我们要如何寻找企业的外部确定性和内部确定性呢？依旧以俞敏洪和新东方作为案例，展开论述企业的外部确定性。首先有一个前置条件，这个条件就是，外部的绝对确定性是没有的，只能在变化中间寻找这个确定性。自工业革命开始至今200多年的时间，社会所产生的变化已经远远超出了过去人类社会10万年的时间所产生的，而且发生变化的步伐越来越快。所以我们必须要有能力去抓住外部瞬间变化的机会，不过在这样的变化中间也是有确定性的。

新东方之前主营业务的确定性一下子就没了，于是，俞敏洪主动调整了业务。可见，哪怕是大多数人都以为是确定性的事情，其实也不一定能确定。那新东方后来怎么会选择去做农产品的直播带货呢？这就涉及俞敏洪对外部确定性研究的两个答案。

第一个答案是人民生活的需要。俞敏洪和他的核心团队反复研究，就目前社会的现实情况，什么样的领域是国家不管出什么政策一定会支持的领域？这样长时间会支持的领域有很多，他们再结合业务的熟悉程度和自身能力，认为农业是国家会长期支持的领域，不管是农业科技、农产品的商品化，还是农产品的销售，都一定是。当然，新东方一开始转型，并没有能力去做农业科技，他们最后把资金投入农产品销售上。

第二个答案就是外部大环境和商业逻辑知识的确定性。

俞敏洪带领核心团队经过分析后，认为直播电商可以算是一次商业革命。

第一次商业革命是大卖场，到实体商店去买东西；第二次商业革命是虚拟卖场，就是在淘宝、京东上买东西；直播电商则是第三次商业革命，是在直播平台上买东西。这与前两次商业革命的要素是不一样的，在直播平台买卖的时候，过去有大家都熟知的一些头部主播。俞敏洪带领核心团队分析以后觉得，这种以低价促消费、收商品坑位费的模式，尽管他们也能去做，但他们还是认为这不是自己想要的模式。他们认为直播就是人与人之间的对接，是信任和互相吸引，而不是单一的商品对人的吸引。

新东方的老师，曾经吸引了成千上万的学生来到新东方的教室，俞敏洪一开始就认为，如果把这些老师的能力搬到在线直播的话，也会吸引更多的粉丝来进行人与人之间的交流。

所以直播带货本质上是什么？直播带货本质上不是人与货的关系，是人与人的关系，而俞敏洪认为在这方面新东方应该是强项。同时，新东方的商业逻辑也能走通，整个电商的物流系统和产品的供货系统都非常完备了，直播的平台也非常完备了，新东方只要整合这些就行了（它是红海还是蓝海，对新东方来说完全不在思考范围之内。笔者一直认为红海和蓝海是一个伪概念，不管做了多大的红海，只要你做得比别人好，你就能出圈；不管是多大的蓝海，没有能力，最后也会淹死在蓝海里）。

以上，就是俞敏洪公开分享的有关东方甄选助力新东方涅槃重生的所思所想。有了这样的思考，新东方很自然地就愿意去尝试捕捉这一波新商业红利。至此它外部的两个确定性，即技术上的确定性和政策上的确定性都有了。

紧接着就是内部确定性。内部确定性是首要的，新东方是不是以俞敏洪为首，愿意全心投入去做这件事情呢？第一，俞敏洪是愿意的，因为他本身就是农民出身，对农产品有感情。

第二，俞敏洪是一个尽管年龄不算小，但对创新的东西依然很感兴趣的人。同时在整个新东方，他是在东方之夜开播之前，唯一玩过抖音，并且在抖音上卖过货，而且是卖过农产品的人（新东方首次直播卖货就在俞敏洪自己的直播间，当晚销售额约500万元）。

所以实际上，他变成了新东方在这方面的探索者，既然他变成了新东方的探索者，那么其他人跟随他去探索这件事情就不会有任何的障碍。这第一个确定性就有了。

尽管新东方的董事会和总裁办会有不少人反对他去做直播助农这件事，但是他作为新东方的董事长，还是要求给他5年时间，以每年亏损一个亿的代价，尝试做出一些成果。结果他们自己也没有预料到半年就能成功。

2021年12月28日晚，俞敏洪在东方甄选抖音号上开启首场带货直播。相关数据显示，当日直播观看人次达21.8万，销售额近500万元，俞敏洪排在当晚带货主播榜的第16位。但在这之后的十几天内，均没有一次带货纪录能够超过首播。

探析东方甄选成功上位的秘诀

他们主要抓住了下面几个红利：

1.新媒体红利：因为抖音平台拥有真正意义上的大数据，可以把新东方和俞敏洪老师的粉丝匹配到东方甄选直播间；

2.新需求红利：直播间的知识价值、情绪价值、助农情怀，董宇辉等才华型IP主播推波助澜；

3.新模式红利：直播间完成粉丝留存、销售转化和口碑传播；

4.新卡位红利：新心智卡位"精气神"。

新东方这家有着近30年历史、近10万名员工的知名集团公司，在俞敏洪老师的带领下又一次涅槃重生，在2021年至2022年间，完成了史诗级业务大转型。对于东方甄选取得的成绩，二级市场的投资者与各种媒体众说纷纭，主流说法如下：

新东方赶上了抖音上大主播迭代的时机；

东方甄选直播间出了董宇辉这位有才华又有识别性的超级人物IP；

俞敏洪老师本身就是国民级人物IP，拥有超大的市场号召力；

新东方转型期间的作为让消费者更愿意到东方甄选直播间下单；

抖音官方想扶持一个文化气息比较浓厚的直播间，给了针对性扶持……

以上说的都对，但都是点状的，有没有一个比较清晰的底层逻辑可以分析东方甄选所取得的成绩？笔者从新东方"踩"到哪些新商业红利的角度来分析。

新媒体红利：新东方和俞敏洪老师的精准用户匹配

东方甄选完整地捕捉了抖音平台的新媒体红利，包括短视频和直播这两个最主要的场景。

新媒体红利的本质是什么？是能够批量地触达目标受众群体。短视频平台背后的大数据能分析出你需要什么，直播间也能分析出东方甄选的主要买家是什么群体，什么人会喜欢新东方老师出身的主播。

核心的媒体红利是平台强大的数据匹配能力，算法为王。

后台的人工智能算法，非常精准地匹配到喜欢东方甄选直播间氛围的用户，并把他们推送到东方甄选的直播间。

另外一种能力是什么？是俞敏洪已然存在的知名度。

俞敏洪在创立新东方的近30年时间里，做了无数场讲座跟分享，其社会影响力很大，曾受其影响的人一样也能够成为东方甄选新的消费群体。

现在抖音平台上的主流消费群体，有相当大比例的人是现场听过或网上听过俞敏洪老师讲座的，是认同新东方精神与俞敏洪老师人生观的。有着新媒体红利的抖音平台，能把这些人从几亿用户中筛选出来，然后把他们推送到东方甄选的直播间，这是大多数别的品牌没有的一个天然优势。

新需求红利：直播间的情绪价值、助农情怀

新的需求红利就是抖音上曾在各种直播间购买过产品和服务的付费用户，他们逐步衍生出一个新需求：需要一个真正能够为他们严选产品的直播间。这个直播间最好还能提供一些有用的知识或者是情绪价值。另外，身为炎黄子孙大都有一些助农的情怀，都知道农民不容易，在直播间购物还能直接助农。

新模式红利：直播间完成粉丝留存、销售转化和口碑传播

新的模式红利下的东方甄选的直播间，可以靠名师型主播的才华，实现新粉丝拓展、留存并建立熟悉感。看过东方甄选直播间的人很难不被其内容吸引，然后成为他们的粉丝，并因为平台的算法推荐，会经常回来看看。在直播的过程中，相关人群也能提前完成销售转化，这是现在有关直播间的红利。同时东方甄选直播间有一种特别的文化氛围，比较容易形成好的口碑并且传播。比如董宇辉在直播间里的金句被广为传播，用户也愿意分享这些能提供情绪价值的内容。

新卡位红利：新心智卡位"精气神"

前边分析过，东方卡位的需求红利，是用户需要一个能帮他们甄选高性价比产品的直播间。首先，无论是新东方本身的品牌力，还是东方甄选的名字，都在一定程度上贴合了用户的需要。自从东方甄选有了一定的影响力之后，各种名为甄选的直播间层出不穷。

其次，新东方的直播间自带精气神，无论是原来的品牌辐射，

还是名师及主播的才华，都能加持它在消费者心目中的印象。

分众传媒的创始人江南春经常说过一句话："最大的红利，是人心红利。"这也是营销有关人士比较认同的一个逻辑。所以我们看到新东方这个案例的时候，会明显地感觉到这就是一个人心红利，打动人心的不光是新东方出国留学培训的实力，还有以俞敏洪老师为代表的精气神和一些积极向上的品质。

东方甄选的可持续性

我们通过蝉妈妈等软件可以看到东方甄选的相关数据。

各种资料显示，东方甄选的平均用户贡献值在不断提升，具有可持续性，因此，它的红利期还有很长时间。

02

新商业红利四部曲

红利叠加万事胜意
——各环节效率提升+成本优化后的必然

新商业红利可以拆解为四大模块：

新媒体红利：搞定核心获客渠道（怎么卖给很多人）；

新需求红利：洞察真正的刚需（目标客户群要买什么）；

新模式红利：根据对用户和渠道的了解，制定运营模式（怎么卖经营利润率高）；

新卡位红利：根据经营业绩和里程碑事件，确认卡位心智（心智指心智模型，是存在于用户头脑中的关于一个产品应该具有的概念和知识，这种知识可能源于用户以前使用类似产品的经验，或者是用户使用该产品要达到的目标而对产品的概念和行为的一种期望。）与IP人设。

新商业红利一定要基于很多的践行和研究之后，才能总结出来。

这里具体介绍一家18个月逆袭上市的公司，它们**效益好利润大，而且处于红利期**，便于大家理解通过借力新商业红利顺势而为和盲目做生意的区别。

这个公司叫高途集团，系由"跟谁学"升级而来，在2020年的时候到达一个市值的高峰，有几百亿美元。它上市之后一年时间，很多人都去探索其股价持续上涨的原因是什么，因为很多人一开始对这家公司非常不了解。我根据对这家公司的研究，发现这家公司先是在早期错判了用户需求和媒体环境，拿了A轮5000万美元后，又走了几年大弯路，后来才真正找到适合自己公司基因并符合大势的产品，逐渐清晰了解新商业红利路径并利用到极致。

公司能在18个月的时间逆袭上市，而且整个经营额超过瑞幸这种大起大落很厉害的公司，呈现非常不一样的曲线是怎么做到的？因为这家公司完全"踩"中并且借助了新商业红利四个模块中的每一个模块。

对这家公司而言，所在的赛道里什么才是新需求红利？跟谁学这家公司是做在线教育的，在线教育出现之前是做线下课的。这家公司在线下1对1和小班教学这两种模式出现之后，并没有盲目跟风，而是自己做了一个教育淘宝的模式，但很不幸失败了。它的模式并没有"踩"到红利，不符合当时实际交易逻辑，或者说太超前了。

直到他们创始人拿到了A轮5000万美元融资，经历过"踩"了无数坑的两年半之后，他们才真正"踩"上对他们而言的新需求红利——双师大直播。这时候公司才开始起飞，而且用了18个月的时间就上市了。所以"踩"中红利对一个公司或创始人而言十分重要。

如果你没有找到真正的需求，没有找到好的赛道，是很难做上市的，哪怕你再努力也无济于事。

看它每个季度财报不难发现，跟谁学这家公司在2018年到2021年的3年间，几乎借助了所有的新媒体红利，去把公司规模做大，整个公司的运营模式中囊括了一些比较容易获得红利的模型。例如他们通过新媒体去获客，获客之后用整个社交私域去留存，然后经常向用户推荐课程，把用户的购买力也就是LTV（用户生命周期总价值）挖到极限。

在当时的整个在线教育界里，把这种新的商业模式，做到这么极致的机构几乎没有，它是首屈一指的。

之后就是新卡位红利。在线教育快速发展的五六年间，笔者开创的公司曾深度参与这个行业的很多获客、经营，以及规模化变现的业务。在这个过程中陪跑了大概100家品牌，教培百强公司中的一半以上都跟笔者所开创的公司有不同程度的合作。

我非常清楚这个赛道的第一发展到如今有多难，这家公司能上市其实很简单，就是如前文所言，新商业红利洞察得足够彻底的创始人，吃到一个红利就能让公司活着，"踩"中两个红利就能做好生意，掌控三个红利就能成为一家独角兽公司，也就是估值达到10亿美元以上的级别，四个红利全部能吃到，只要行业够大，IPO（首次公开发行股票）就能达到百亿以上的市值，跟谁学就是一个很完整的案例。

在接下来的章节里，我会着重讲这个案例，因为讲透一个案例，有助于大家对整个新商业红利思维的了解和掌握。

【案例1】

细节是魔鬼：新红利如何消解过程损耗+成本优化

跟谁学这家公司刚上市那会儿，微信朋友圈里有各类分析的文章，基本谈的都是其创始人陈向东从新东方集团卸任后，如何开创并带领跟谁学发展，遇挫后如何最终逆袭成功上市。

文章的转发者不乏资深从业者，毕竟在线教育从2013年兴起到跟谁学上市的2018年，难得出现纯新品牌且盈利的美股上市公司。

大家也都亲身见证了陈向东在市场未成熟、模式未跑通的情况下，融了A轮5000万美元后换过几种模式，走了三四年弯路的痛苦历程。

有位一直关注K12（学前教育至高中教育）赛道的投资人老友，一边感叹，一边问笔者："为何跟谁学最近两年能跑这么快？赛道里许多选手都在亏损的时候，跟谁学居然能盈利。从2019年第一季度的财报来看，增长还在提速，有什么独门秘诀在里边？"

1.新媒体红利

再好的产品和模式也得先有能触达用户的通道，而且要能持续放量来支撑增长。当时，摆在跟谁学面前问题很明显，有限的人力和预算，现金流还不稳健，K12双师大直播模式虽好，但正面战场已经出现竞争激烈的趋势，暑期前的三个月尤为明显。

对标老牌劲旅没有品牌优势，对标新锐也没有题库、搜题类场景切入跟用户前置交互，旗下的品牌无论是跟谁学还是高途，其品牌力都需要时间培养，上市前难以在正面战场投入资金去竞争。

直接竞争明显不是最佳选择。这时候，估计有个友商的放量方式被洞察到，K12一对一模式融资最多的选手，从2015年到2018年约投放了4万条公众号推文，带来几亿的优质阅读和海量咨询，支撑了数年增长。

公众号自媒体投放，做起来麻烦，但效果好，借力KOL（关键意见领袖）背书，可以弥补品牌力的不足，并促进用户破冰转化。说干就干，得益于模式优势，投放的ROI（投资回报率）应该不错。

策略上，先用第二战场稳住上市前的拓新需求，上市后有足够的弹药和打磨过的承接能力，再上流量主战场拓新。

其实从新商业红利思维的角度来看，逻辑很简单，跟谁学在最后一次转型中，完整交叉了三波生态级新商业红利——新媒体红利、新需求红利和新模式红利，顺势成就了自身IPO前18个月的稳健增长。

2.新需求红利

在线教育从2013年起吸引了百家机构各类投资，千亿级的资本注入和千亿级的学费（预付款），在5年时间内对规模庞大的用户做了相对充分的市场教育，一定程度上创造了教育产业的新消费大潮，踊跃出几家上市公司和独角兽。但无论哪条赛道和模式，都难以媲美K12双师大直播模式的效率和增速。大市场的增长需要性价比高的产品才会井喷。

跟谁学官网也以K12项目为主。

从需求层面看，K12在所有赛道里需求最大。从效果层面看，双师大直播通过超一流授课师资确保了输出质量，专职辅导员确保了学员的输入效率。学习有效果的同时，家长还有被服务的感受，自然愿意付费，价格也比较亲民，通俗点讲就是性价比真的好。

产品好卖，销售人员自然少些，老师团队也好搭建管理。从招股书上看，全职老师80多名，辅导员500多名就能撑住跟谁学上市前的盘子，整体运营效率还好。

在这一点上，以陈向东为首的跟谁学核心团队里不乏新东方元老，本来的优势就是做大班，这等于发挥了专长，将这波新产品红利稳稳收入囊中。

3.新模式红利

这是三个红利捕捉能力里，个人觉得最厉害的一个。在这里，唯有感叹创业公司的创始人果真是基因突变的最高发人群。

跟谁学旗下8个主体公司有97个认证公众号，预估活跃粉丝850万+，注意是活跃粉丝，总量远不止于此。

为何值得关注？首先在微信生态里拥有这个数量级的自有活跃粉丝在业界应该是前三甚至可能是第一。

教育厅增长研究会的研究员统计得出，高途自有公众号的

4210条推文合计有13 838 578阅读量/年；跟谁学自有公众号的1584条推文合计有4 767 299阅读量/年。而公众号软文阅读的市场均价是2-3元/个，也就是说，光这些号的推文广告价值就超5000万元。

其次就是回到新社交红利，我给新社交红利的定义：基于社交生态与用户高频互动、直切交易并紧贴交易做内容与社群运营的红利期，深挖用户的可支配收入、空闲时间和社交价值。

拼多多是个典型的例子，近两年的社区团购也是。教育行业也有做得还不错的，但放到K12这条主干道做得好做得透的几乎没有，许多从业者默认K12不适合用户转介绍。问题即机遇，而跟谁学紧紧地握住了这个机遇。其采用的方式就是，极致地提升与用户互动的频率及效率。

这么做还有一个重要原因是，就算是避开正面战场，在第二战场拓展新用户，所有外生性获客媒介渠道的推广成本也都是趋同的，而教育产品又往往需要各种说服和体验才能促进最终的转化，那么跟用户互动的频率、方式、效率就成了竞争力里的内功。

跟谁学是怎么做的？就是各种推销，别的不说，面对规模庞大的待教育的新兴市场，高频推销确实是现阶段增长提效的有效手段。

这种用户高频互动方式除了执行力和批处理技术，对团队内容生产能力也有很高的要求，而跟谁学一开始举旗平台发展遇挫的那3年，刚好沉淀了这方面的能力，果真有一些路没白走。

常有人问我跟谁学的获客成本怎么能够在放量增长的同时还

控制得住，以上便是答案。

把这三要素套到跟谁学上，一个巨头沉淀优势壁垒在生态级红利交叉下不再明显的时代，一个能握着一把烂牌耐着性子死撑到好牌到手，然后All In（全部投入）硬核增长的团队，不得不让人感叹，真正的行业大时代，可能刚拉开序幕。

抓住一个红利就是个好生意，叠加两个红利出独角兽，三个红利交叉必出独角鲸。

跟谁学的上市，只是历史的大车轮在行进的过程中所留下的明显车痕之一，各类素质教育机构都在迅速增长，双师大直播黑马选手云集，连腾讯和今日头条都在跑步进场，我们都在亲历和见证真正的在线教育大时代的降临。

新商业生意逻辑诞生：无红利不起早，无红利难持续

任何一个品类，任何一个大的赛道，最后跑出来的肯定是上市公司，上市肯定是一个里程碑事件。K12是个大赛道，曾经有6个品牌竞争最激烈。

高途和跟谁学是同属一队列的，猿辅导、网易有道、学而思、作业帮还有新东方在线，这6家互相竞争。每天在广告上的花销，每一家都是上千万。到最后你会发现，在国内市场擅长抓红利是企业发展的必要条件。如果是一条大的行业赛道，你可以做上市；如果不是特别大的话，你可以成为独角兽，或者是成为细分赛道的No.1。把生意做大，一年就有几个亿的收入。而刚刚的这6家公

司，可谓三个阵营三个结局。

从现在来看，新东方在线（更名为东方甄选）还在上市的状态；跟谁学和网易有道因为外界的变化，还在勉强地活着；而猿辅导、学而思、作业帮时运不济没能上市，且客观环境不允许，无法放开手去发展主要业务。

在这其中，有很多经验是值得别的行业学习的，这里还是回到跟谁学这个例子。

跟谁学将新商业红利挖到极致，在上市之前仅公众号就运营了多个。注册多个认证的公众号需要有相应的主体公司，上市之后，为了把这个红利抓得更彻底，跟谁学又注册了很多公司。跟谁学旗下的公众号数量翻倍后，每年能产生2亿的阅读量，相当于5亿元的广告费。

如果能够精准"踩"中新的媒体红利、品类红利，然后大投入地去做，并且把这个新的模式也摸透了，确实大概率能成为新的品类之王。跟谁学这家公司在用户运营、内容运营、活动运营领域做得比别的任何一家公司都好。其新商业红利思维活用到了极限，落地到了极限。跟谁学上市仅一年，峰值突破千亿元，市值直追新东方、好未来。2020年7月1号，网易有道成功在美上市，市值19亿美元。这两个公司就是"踩"中了新媒体和新品类红利上的市，当然，后来因为客观条件的原因没再增长。

跟谁学（高途）这家公司，在客观条件不支持主流业务发展之后，他们另辟蹊径，相信自己的团队有能力抓取新商业红利、新媒体红利和新模式红利，4个红利只缺了新需求红利。

他们认为考研这一品类会有新需求红利。

纵观现在整个市场大环境，就业形势已十分严峻，很多刚毕业的或者是工作不顺的人会选择考研。要知道，近几年，每年大学毕业生有1000万人左右，其中有将近一半的人选择了考研，这种需求相比之前上升了很多，因此，考研这一大品类就有了需求红利。高途的创始人陈向东公开表示，将以两年为期，成为考研教育行业第一。

陈向东找到了4个红利模块，这将支撑着他这家上市公司的长远发展。在实际运营时，在公域获取流量，在私域留存用户，然后用直播和各种方式做销转，这是他们能够长周期变现，把公司做大、做增长，成为新赛道的一号位的一个主要支撑点。

【案例2】

活用商业红利四部曲，成为翡翠领头人
好生意的本质：快速分到新红利的一杯羹

笔者的好友阿正，根据新媒体平台用户的新需求，匹配了新模式，制定相应的解决方案后顺利卡位新翡翠领头人，并实现规模化变现。

阿正的直播间有以下几个优势：

1.节奏符合平台规则；

2.有铁粉，而且铁粉互动率高；

3.直播间有福袋大奖；

4.高货批发价。

阿正如何加入已经相对成熟的抖音翡翠赛道

找到卡位、确认模式、借力媒体、收割品类。

找到卡位：高货性价比首选——核心标签较真；

确认模式：高货每晚闪购；

借力媒体：直播间推流规则+投流；

收割品类：客单价在四五位数的准理性用户。

为了研究翡翠玉石这一行业的商业红利，我曾在平台上花了不少时间和资金，因为没有调查就没有发言权，所以我要真金白银地从消费者的角度去体验。

我从这个行业里面看到了很多新的机会，也看到了很多新的成功案例。但翡翠这个领域，已经是一个相对成熟的赛道了。其实放眼全中国，翡翠一年的消费已经到了千亿级别，这是一个很惊人的赛道。而平台上在线成交的，也已经到了千亿级的量级。翡翠行业人士也是术业有专攻，为了抢滩这个市场，各自有各自的明确定位和市场划分。

阿正是如何吃到新媒体红利的？就是推流（把采集阶段封包好的内容传输到服务器）和投流（流量投放，推广）双管齐下，针对客户群体都是客单价在四五位数的男性。慢慢地，他的百万级直播间发展到千万级直播间。

我下的近百单中的10单，每一单都是5位数，我把平台上面偏头部的这些店都逛了一遍，然后用了一个月时间，每天晚上花几个小时观察他们是怎么卖货的。我下的10个万级的成交订单里面，有一半来自同一家店。我一个月时间看了这么多家店，大部分经营得比较好。在最近的两周时间，我被阿正的直播间深深地吸引住了。这个主播开号才不到3个月，有一天晚上我亲眼见证了他登顶全站的带货榜。

每天他直播间的交易额都稳定在7位数，他直播49场，有5000多万元的直接销售额，算是非常稳定了，更惊人的一个数字是他的粉丝加团率接近50%。

阿正是如何切入已经相对成熟的翡翠赛道的，本文将结合我所倡导的新商业红利四部曲来分析。它核心的点有四步，第一步：卡位；第二步：确认模式；第三步：借力媒体；第四步：收割品类。

聚焦核心标签

"特资深、特较真""现金收货才能让货主真让利""带节奏吸引货主间PK""频频出货压制心态""高货压台困住货主""点对点PK货主"，这些都是阿正的核心标签。

笔者先拆解第一个核心标签，新的卡位红利能让你抢占用户的心智，他结合人物的IP化营销的逻辑，然后找到了新的卡位机会。其实，翡翠这个赛道已经相对成熟，赛道里许多店都已经有很多不同的定位以及相应的客户群体，要撕开一个口子是很不容易的。

每个做得好的店都有明确的定位，有的专门做好料定制，有的做名家，有的专注做珠子手串等细分领域。阿正找到了一个切入点，他发现市面上缺少高价值货物闪购这个定位的店。在一个相对成熟的赛道，如果你想切入，想拥有自己的一席之地，肯定要找到自己的卡位。这个卡位必须基于自己的供应链优势和自己的人物IP设定，还要明确自己的经历能支撑什么样的人物标签，这尤为关键。

阿正第一个核心标签是特资深，从业的时间足够久。因为他对翡翠的认识非常透彻，对高货的渠道掌控力非常强，所以他就找到了一个差异化的优势，就是他专门做高货闪购这么一个卡位。为了强化这个定位，他的直播间频频出现高货。

找到卡位之后，下一步就是运用好的新模式，其实现在做翡翠的直播间有很多相对成熟的模式，主流的就是一个货主拿货过来，说一个价格，然后导购主播就砍价，按照货主报价的10%～30%成交。

其次就是自产自销，每天专门展示自己的货，靠时间来熬。如果你是按这种模式去卖货，你可能没有什么竞争力，且很难有抓到红利的机会。

因为真正的新模式红利必须要有更新的运营、更高的保利和更强的竞争力，他的核心就是成本的优化。

阿正聚焦一个核心标签，首先在直播间介绍自己对翡翠的认识。我从他的直播间学到：玩翡翠就是玩种（也叫"种份"，指的是翡翠玉材料的质地），什么高冰（全称"高冰种翡翠"，是介于玻璃种和冰种之间的翡翠）、糯种（珠宝行业的术语，糯指的是翡翠玉的细腻度，种是指翡翠玉材料的质地），其他都是其次。阿正会科普这样的知识。

第一个核心标签还包括特较真：货要好，价格要真。

为了支撑这个核心标签，让直播间实现高货闪购，阿正的主要任务就是把货主的价格打下来。他强调用现金且在现场收货才能让货主真让利，很多货主为了快速回笼现金，就真的把货低价提供给他。这也成了他的第二个核心标签。

较真品质和较真性价比，就是闪购模式能够实现的主要支撑点。

第三个核心标签是阿正会带节奏让货主PK（挑战竞争），要是去过他的直播间，你会发现货主们之间也会互相PK。

第四个核心标签是频频出货压制心态。有些货主一开始还是很犹豫，对他的带货能力可能还是有点怀疑。那他就不停地出货，让那些犹豫的货主彻底打消顾虑。

第五个核心标签是高货压台困住货主。阿正经常会把货主的高货盘到桌子上，然后不让人拿走，确保高货的价值，货主的其他货能卖出，唯独高货卖不出，货主间接地被阿正拿捏了。

第六个核心标签是点对点PK货主。他对粉丝是很好的，会和货主较真翡翠的品质和性价比。

这些就是闪购模式能够实现的主要支撑点，如果你不需要现金收货、不让货主PK、不能把控心态，根本就没办法让货主把价格让出来，但在这个背景下，你会发现他的闪购模式成立了，所以这种红利模式，相对而言就优于前面3种其他的直播间卖货方式。

他很会捕捉新媒体红利，开一个新店不到3个月，就规模化地触达平台上的用户，而且完整地诠释优势，然后实现可持续的增长核心，要解决的就是用户获取。

主页直接用短视频做销转卖高货的可能性很低，所以这时候，你的直播间就是拿来做人设的。他的场关很稳健，每天晚上同时在线的场关一直稳定在3000左右，这是一个投流高手。

而且核心关键词都能出现，别人叫他正哥，这说明用户黏度和人物IP现在已经立起来了。

然后看商品的需求，像手镯、戒指、龙牌、无事牌这些都是跟商品相关的，他这个直播间的互动活跃，且垂直于商品。

最后一个就是新品的红利。翡翠不是一条很新的赛道，毕竟它已经有成熟的千亿级市场，但是任何新的流量平台的出现，一个成熟的品类换到新的流量平台，它就有新的品类红利，更何况这个平台本身，用户的消费额和消费欲望还在持续增长。

那么就有新的平台红利在里面，其核心是什么呢？

爆款、赛道，成为品类的王。

看过阿正用户数据画像，你会发现他的用户里面4/5是男性，1/5是女性。

在翡翠领域里找到一个蓝海人群

男女用户比例为8：2

他的受众对象比较吸引男生，男生除了自己拿来戴，还可以送人，他切入的是高端男性群体的市场。他的粉丝用户年龄分布比例很惊人，31岁到40岁的刚好占50%，41岁到50岁的能占到20%，这是一个社会中坚力量的年龄层，消费力非常强。在地域上，不难发现他的用户主要覆盖在北上广深杭等一线和新一线城市。他的用户购买偏好除了翡翠相关的珠宝、黄金之外，还喜欢消费酒和茶，这完全符合他的用户数据画像。

只要他能把这些人先稳住，譬如在他这里购买一次翡翠，给出良好的用户评价之后，这些人接下来在翡翠这方面如果还有消费，大概率就会成为他的回头客，这是一个非常好的经营模型。

这个品类的切入，只能找相对蓝海的市场，而这个人群应该是因为翡翠这个赛道是一个垂直赛道，是一个垂直品类，所以资深加较真这个标签更符合这个赛道的核心人设，而且一旦能够顺利卡位"较真"这两个字，无论是在品质上较真，还是在价格上较真，那么在这个品类的人就有可能成为王。

市面上现有的各个翡翠赛道里面，各种细分的赛道已经有很多头部的店，每天的经营也是几十万元到上百万元，到了这样一个级别，他必须把"较真"这两个字的标签卡死，而且用高货闪购的模式彻底跑通，他才有可能成为这个细分品类的佼佼者。

综上所述，笔者觉得大家已经很好地理解了这个翡翠赛道的案例，就是希望大家能够更完整地理解新商业红利四部曲的实际应用。

你现在做的任何一个商业、任何一个项目，有足够多的红利可以抓取，你才有可能把生意做大、做久，而且能够规模化地盈利。

第一就是要先找到新媒体红利，解决用户获取的问题；第二你得找到一个新需求红利，能够持续变现；第三得设计新模式红利，能够实现成本优化；最后得找到新卡位红利获得口碑，而阿正的翡翠直播间刚好占到这4个红利。这也使得阿正有稳定的粉丝量，粉丝团也在稳步增长。

他的友商则明显与之相形见绌。

03

第三章

新媒体红利

潜在客户数量与质量的双扩容

在合适的时机下，新媒体可以在极短的时间内为品牌创造出惊人的势能。新媒体平台能力迭代提升带来了以下红利：

1.门户单项输出标签很少

门户知道用户哪些标签，比如IP所在地、页面浏览量、平均停留时间。

2.搜索能知道用户意图

关键词透露出用户意图，商家可以针对性定制文案，针对性做专题承接。

3.购物平台能知道用户消费力

购物平台知道用户的购买能力，对产品的一些偏好，客服日常承接起来较有针对性，有大型促销活动时可以根据用户需求推广。

4.社交媒体能了解用户关系链

社交媒体能通过数据分析，了解用户的阅读喜好、社交标签和粉丝化留存。

5.短视频和直播内容能了解用户真实喜好（平台基于大数据洞察用户近乎透视）

短视频和直播平台能全面洞察用户真实喜好，容易获得铁粉。

人物IP坚持生产内容的意义

在笔者的私董会里，有很多个人IP坚持直播，其中的翘楚就是北大姐妹花IP操盘手的爱人兼主播桂仙老师，她的最高纪录是直播超过700天，直到生病的时候才休息了几天。为什么他们要坚持直播呢？有几个核心原因：

第一个核心原因，随着他们直播时间的拉长，用户对人物IP的认知、认同以及信任的程度也随着时间的推移不停加深，量变会引起质变，直到最后成为铁杆粉丝。相应的产品销售转化难度也断崖式地降低，同时销售转化率以及口碑传播率，也会有质的提高。

第二个核心原因，一旦人物IP找到了自己的观众缘，就可以基于自己对粉丝和用户的理解，持续性地生产用户所需要的内容。然后通过各种平台，如短视频、直播间、公众号、朋友圈、小红书等，全方位推送给粉丝和潜在用户。

第三个核心原因，要持续性地制造正反馈。既包含对用户的反馈，也包含用户反哺IP本身的正反馈。例如意公子，现在每个爆款视频都能有10万以上的点赞量，有千万级的播放量；北大姐妹花，每天都能通过直播卖超过100节合计营收六位数的课程，这些都是正反馈。所以人物IP除了起盘阶段需要度过一段比较难熬的静默期之外，后边的持续经营就需要找到自己的正反馈，有了正反馈就能比较容易坚持下来，这也是坚持生产内容的意义。

公域、私域策略区别

公域主要做影响力和获客

公域流量指的是流量巨大，可持续不断获取新用户的渠道，比如淘宝、微博等，如果想从公域流量获得用户，通常需要不少成本。在公域流量中，用户不在你的手上而在平台方的手上，个人无法获取用户信息、用户数据与用户的行为习惯等数据。

公域主要做影响力和获客。如持续输出内容做人设与品牌（打磨优质选题压爆款率）；精选破冰/引流SKU做爆品（达人合作/持续自播/电商铺货）；做自媒体矩阵聚粉引流（公域里的准私域）。

私域主要做用户留存与复购

私域流量指的是不用付费，可以不同时间、不同频次，直接触达用户的渠道，比如自媒体粉丝、用户群等。私域流量是可识别、可触达、可运营的流量。

私域主要做用户留存与复购。如，全渠道用户有机引流至微信生态（个微/企微/主题群）；私域专属复购产品与卡心智内容输出（朋友圈/公众号）；点对点做已付费用户销转与客情（点赞/评论）；以周/月/季为单位做视频号大直播（促销）；基于私域付费用户新增量扩团队（招募/培训/管控）。

【案例1】

一举成名的意公子

意公子本名吴敏捷，是笔者的多年好友，也是几波新媒体红利的洞察者与受益者。

她先是在微信生态的公众号里起盘，做了一个公号叫"意外艺术"，但变现模式不是很通畅，其间曾与笔者多次探讨变现模式，甚至尝试过做少儿/成年艺术培训课程，因为她也拿了融资，所以有变现压力。

随着短视频时代崛起，文化艺术类的人物IP与内容，更适合用短视频的方式向普罗大众传播，短视频也方便大众浏览，几个爆款下来就一举成名了。

后来在继续扩大影响力和规模化变现之间做了抉择，优先前者，继续卡位文化艺术类第一人物IP，To B（企业客户）整合资源和To C（一般用户）变现也渐入佳境。

当红利期来到时，拍几个优质短视频素材，就够用一年了。其转化率够高，还可以一直使用。

【案例2】

直播卖茶

——0粉起盘到单日百万场观

茶叶行业是竞争很激烈的行业之一。但居然有素人每天直播3小时成交上万茶叶订单。可见用素人带货也能薅平台流量的羊毛。

审美疲劳？不存在的。我们通过直播间的数据可以看出，其日场观量与销售额呈等比增长。

吸引粉丝其实并不需要持续拍摄短视频内容，只要拍20条左右的视频把人设立起来就足够了。接下来就可以直接直播卖货了。

别说年轻人不喜欢喝茶，在主播的引领下，年轻人也会爱上它。

短视频与直播崛起后电商江湖的变化

交易的本质是消费者给产品或服务的价值买单。让消费者感受到产品和服务的价值，就成了平台帮助商家解决的核心问题。像传统电商，如淘宝和京东会通过类似于直通车等付费广告，把产品和服务结合用户搜索的方式推送给用户，然后用户通过产品的详情页去感受这个产品与服务的价值。用户根据产品的购买量与评价，去感受这个产品本身的口碑，最终做决策，这就是传统电商的交易匹配方式。

而短视频直播电商，是通过短视频的诠释，主播在直播间的讲解，把产品和服务的价值以及卖点传递给目标客户群，用户基本上不再需要去看产品的详情页。所以你会发现短视频平台上的产品详情页的长度，往往只有传统电商平台的几分之一，消费者没有时间看那么长。短视频直播电商无论叫兴趣电商，还是叫内容电商，它确实重构了整个电商购物的基本逻辑，当然，本质还是建立在新平台大数据分析与匹配能力变强的基础上。

传统电商对用户而言是有目的性购物，当然，传统电商也并不会从此退出历史舞台。就好像线下超市一样，有些人就喜欢自己逛，有些人想问导购，所以抖音等新电商平台才会推出超市这样一个概念对标传统的货架电商，毕竟存在即合理。尽管新兴的兴趣/内容电商也会创造出很多的增量，但还是会冲击传统电商很大的市场份额。

之所以短视频和直播电商能够创造增量，还是基于新平台的大数据分析与匹配能力，相对于传统电商平台有了质的提升，给了商家一个很好的能直接面对消费者的超级场景。既有利于展现产品和服务的价值，也有利于借场景的氛围去带动消费者快速做决策。在这两点上，既结合了类似于公众号时代的KOL的引领优势，又有类似于电视购物这种冲动消费的场景力，所以短视频和直播电商有着传统货架电商做不到的增量销售创造能力。

抖音线下团购三板斧

抖音同城（即本地生活）的逻辑，跟美团、大众点评的逻辑有非常大的不同。

美团和大众点评是用户在它的App里面去搜索，多为线下成交；而抖音同城多为预约、预售做增量，仅有不足1/3的量到了本地才去搜索。在这点上，抖音同城的好处就在于可以创造更多到店人数，因为它不只是单纯的刚需收集，更多的是需求创造，此为一板斧。

抖音同城的流量就是本地生活的兴趣流量，如果是兴趣电商，它就是兴趣生活、兴趣吃喝玩乐。比如星巴克、肯德基之类的品牌如今在抖音上的量都很大。

基于这样的一个背景，我们不难看出，通过抖音去做本地生活的营销，跟美团、大众点评有非常大的区别：

首先，内容的形式不一样。短视频和直播形式无形中将受众面扩大了很多。

其次，打动用户的比例和有效性都大得多。受众人群不再只是看图文的年轻人，以前不看图文、不用大众点评和美团的人也用起来了。

最后，使用习惯的变化。因为美团和大众点评的绝大多数用户都在App里面搜索，然后看产品、评价，权衡性价比后再去吃喝。大多数人都是根据当时的需求才去找的，基本是刚性需求。而用户在抖音同城使用时，更多的时候是先刷到短视频，然后预购；1/3是通过直播，看了之后，马上下单，直接同城送到家；还有1/3的人，是使用美团、大众点评和百度给他们养成的习惯，就是现在想吃什么，搜一搜抖音上有没有达人探店视频，有无达人专属福利价。这些方式偏兴趣型的需求很明显，增量就大得多了。

抖音的私域相比整个微信生态而言，肯定差很多，但是比较美团、大众点评，抖音的私域用起来就好很多，有很多不错的工具，此为二板斧。而且用户也习惯把抖音当作一个All-in-One（多合一）App来用，不单是娱乐。所以，现在用抖音去抢占本地市场是非常好的机会，而且还可以把产品的毛利率卖得更高。你可以做预售，特别是做一些开业的活动，能拉势能。美团和大众点评因为还没有用户体验过，不见得能够引领新用户到店。在抖音出现之前，我们主要还是通过本地公众号去做开业活动，成本既贵，效率又不高。总而言之，现阶段只有通过抖音同城做推广，才有可能实现大引流，其他渠道都做不到，这就是为什么强调兴趣型流量对同城的推广有很大的红利。

还有一点，无论是投分众，还是投微信的本地广告，更多的都是CPM（每千人成本。一种展示付费广告，只要展示了广告主的广告内容，广告主就为此付费）的收费方式。只有抖音同城可以跟美团、大众点评一样，是CPS（以实际销售产品数量来换算广告刊登金额）的付费方式。如果本身是个知名品牌，直接投放就能收集很多新用户，像肯德基、星巴克之类的。但如果是一个新的品牌，你依然可以做一些低单价的爆款去破冰引流，也就是把电商、教培已经成熟的引流策略与链路，直接用到抖音上，这能立竿见影。

第三板斧就是抖音最强大的同城功能——可以给线下的实体做预售，这一点短视频尤其擅长。以前别说做预售，抖音、美团和大众点评的用户量在很多三四线城市都很少。那时候只能靠发地方公众号、就近发传单、在当地做一些拼团活动来宣传，没有特别好的宣传方式。这些都是很难立竿见影且不可控的宣传方式，投效比有很大的浮动，哪怕再大的促销力度，都很难让大量的目标受众聚集。

抖音同城的出现引领了需求，拉动本地势能的能力特别强，刺激消费的能力出众，这点在市面上确实没什么对手。现阶段整个抖音，每天确认的流水大概在5000万美元左右，一年下来，估计就得有大概1000亿美元的流水，已经无限接近于大众点评的规模。所以抖音同城现在已经成为非常大的本地生活平台，而且在不远的将来是必然要赶超美团和大众点评的，这一波红利要是追不上的话就有点可惜了。

04

第四章

新需求红利

从无到有的新需求挖掘

在当今充斥着各种信息和商品的市场环境下，企业如何实现需求创造，从而让消费者对其品牌产生兴趣并购买其产品呢？需求洞察和挖掘一直是新媒体对企业的核心价值之一，而广告的作用则是告诉潜在消费者：你的需求我有解决方案，比你目前的解决方案更好。

近年来，抖音等短视频平台基于对用户的深度了解，对新需求的探索、挖掘、引领前所未有地顺利、自然，这为企业寻找并满足新需求提供了更多机会和可能。

那么，如何实现从无到有的新需求挖掘呢？以下是一些相关的经验和建议：

了解消费者的实际需求

企业需要深入了解目标消费者的实际需求，而不是基于主观猜测或市场数据的推断。可以通过问卷调查、用户访谈等方式了解消费者的生活习惯、购买行为、喜好偏好等方面的信息，从而判断他们的实际需求。

关注消费者的隐性需求

消费者的需求不仅限于表面上的需求，还包括一些隐性的需求。企业需要通过深入洞察消费者的生活方式、价值观念等方面的信息，寻找并挖掘出消费者潜在的需求，然后通过产品设计和营销等方式，将这些需求转化为实际的产品和服务。

关注消费者的痛点和愿望

消费者的痛点和愿望是企业挖掘新需求的重要切入点。企业需要深入洞察消费者在购买和使用产品过程中遇到的问题和痛点，通过创新的方式解决这些问题，满足消费者的需求。同时，企业也需要关注消费者的愿望，通过不断优化产品和服务，满足消费者的愿望，从而实现品牌的差异化竞争。

在抖音这样的短视频平台上，通过对用户的深度了解和数据分析，企业能够实现从无到有的新需求挖掘，提升品牌价值并创造商业价值。

首先，抖音平台的数据分析能力非常强大，通过数据分析，企业可以了解消费者在使用产品或服务过程中的实际需求。抖音平台提供的"数据中心"功能，可以让企业随时掌握各种关键数据指标，比如流量、互动、销售等，进而对产品或服务进行优化和改进。

其次，抖音平台可以通过大数据分析和人工智能技术，深入挖掘消费者的隐性需求和潜在需求。例如：通过对用户关注、点赞、评论等行为数据的分析，可以得出用户的喜好、兴趣和价值观，从而挖掘到更深层次的需求，为企业提供新的切入点和机会。

再次，抖音平台上的UGC（用户生成内容）也为企业提供了宝贵的洞察机会。通过分析用户上传的视频和评论等UGC内容，企业可以了解到消费者对产品或服务的评价、反馈和需求，从而改善产品设计和服务流程，提高品牌忠诚度和用户满意度。

最后，抖音平台还提供了一系列数据工具，如数据报表、用户画像、趋势分析等，帮助企业快速了解消费者的喜好、兴趣和行为特征，从而更好地把握市场动态，抓住消费者需求的变化。

在抖音平台上，通过数据洞察和分析，企业可以更加精准地了解消费者的需求，提升品牌形象和竞争力，并实现商业价值的创造。因此，企业需要不断加强对数据的分析和应用，积极探索新的技术和应用场景，不断挖掘新的商业机会。

李韬人物IP化完整案例

本文分享李韬人物IP化的完整案例。身为创始人，他遇到客观环境发展的寒冬，业务萧条，四面楚歌。虽然他本身的能力很强，但是他早期做短视频试水曾铩羽而归。

他出现了这几个问题：粉丝不精准、产品太手动、内容生产无持续性和无处安放的背景优势。

我们结合人物IP化的思维，重新梳理他的商业模式：

第一，在短视频平台上重新给他找到IP定位；

第二，帮他明确了日常内容生产，了解什么内容可以吸引并筛选客户；

第三，交付哪些产品和服务，能够更适应现在的短视频平台。

我们的IP化定位的明确变化就在这里。

首先，创始人在短视频平台上的IP定位，从体育留学专家晋级为体育教育专家；其次，日常生产什么内容可以筛选用户，我们建议他生产体育那些事，以及直播连线新奇的案例；最后，交付的产品和服务，就是体育教育课以及体育产业圈的相关服务。

这样一个界面跟以往的界面有很大的不同，这个界面让潜在的浏览者，第一时间就知道他是做什么的，他能解决什么问题，这很关键。

然后我们给他做IP化人设的调整，从给体育生宣传知识，调整为讲解体育就业规划。

账号短视频内容、直播间变动，以及短视频标签和矩阵账号，我们全方位给他做了调整。

在接触我们之前，他一条视频的播放量最高是30万，点赞1万多，评论四五百。我们给他做了调整之后，他的播放量轻易突破了100万，点赞突破了2万，然后评论和转发到了数千的级别。

现在他的视频高峰期能达到1300万的爆款，而且点赞有好几十万，评论好几万，转发也上万了。

这是一个很大的变化，我们紧贴他的IP化人设，设计新的变现产品，给他做家长必修的体育课。虽然有促销，但也卖了384单。平时免费和1元的试听课，我们让他做成100元的试听课，以此让他的客户更精准，这也卖了1000多单。他在直播间的时候，我们把他的位置往镜头前靠了靠，让用户的打开率更高，变现产品的转化更顺畅。我们改完他的人设之后，就跟他不停地互动和协同，主要是希望他能够一直坚持、日积跬步，静待花开。坚持了一个多月之后，我们发现在平台上与他相关的两个标签均达到了千万级别。这说明他的IP化有了一些阶段性的成果，增长率是非常可观的。

因为我们不希望他的成果是昙花一现，而是希望花是天天开着的，所以我们就开始给他一些IP化和变现的迭代思路。

如果这时候还有人问你："创始人到底是不是IP化？"这个问题等同于企业需不需要做品牌。为什么？因为人物IP化的本质就是将个人品牌资产化，而企业做平台不就是为了把企业的沉淀资产化吗？

新需求可以激活新媒体红利

在当前市场环境下，新需求能够激活新媒体红利，这是一条重要的经营思路。基于这一核心观点，我想通过案例和数据的呈现，详细阐述这个思路，并希望能够对你们的业务和个人IP的发展提供有益的启示。

新商业红利四部曲是我的一个总结，包括四个模块：新媒体红利、用户获取、新品类红利、成本优化。这是在全媒体时代可落地的、能提高商业成功率的底层逻辑。我接触了很多商业上成功的人，总结并提炼出这些经验，希望能够为大家提供足够的帮助。

首先，解决用户获取问题是至关重要的。新媒体红利是最容易让人理解的红利之一，它能够解决规模化的触达目标用户问题，同时完整地诠释产品和人物，并且掌控新媒体红利才能带来业绩、用户和粉丝等的持续增长。

以在线教育平台跟谁学为例，该公司通过抓取新媒体红利实现了上市。他们的新品类红利是"双师大直播"，这是在线教育中最受用户欢迎的品类之一，能够提供优质的教学内容和服务，并能够让家庭付出相对合理的成本。通过在公众号上不断投放广告，跟谁学成功地获取了大量优质用户，实现了10亿以上的年度营收。这里，新媒体红利和新品类红利相交，成为公司成功的关键所在。

然而，单纯拥有爆款并不能持续增长，关键在于抓住新媒体红利，并将其与新品类红利相结合。以掌门一对一为例，该公司在2015年开始投放公众号广告，并通过公众号的不停投放获取了非常多的优质用户。

那么如何证明自己已经抓取到了新媒体红利呢？关键在于投放效果的提升。以跟谁学为例，他们在公众号上投放了4万条广告，但复投账号却达到了560多个，说明广告的回头率很高。此外，他们还撰写了1万多个标题，但能够得到10次以上的投放的标题只有480多个，最高频投放的标题只有600多次。这说明跟谁学已经将新媒体红利挖掘到了极限。

最后，需要注意的是，只要是一个市场聚焦度很高的新品类，在其红利期内，即使使用的是传统媒体，也依然有可能抓取到新媒体红利。这是我们需要注意的另一个观点。

标签精准的重要性

我深知标签精准对于推广的重要性。在当今信息过载的时代，为了在广告海洋中脱颖而出，我们需要利用用户画像和标签精准投放广告。以下是我的一些想法和经验，希望能对广大营销人员有所启发。

首先，要保持账号粉丝画像的准确性，避免因为不适合的推广导致数据下降。频繁地推广爆款或者追求过快的增长速度，可能会导致账号粉丝画像的混乱。为了避免出现这种情况，我们需要控制增长速度，逐渐吸引更多符合目标用户画像的粉丝。如果账号已经存在大量的水粉、低活跃度的用户或者关注人数过多的粉丝，可以使用抖音等平台的清除功能来清除这些非优质的粉丝。

其次，对于那些点赞、评论频繁，但是关注了大量账号的用户，我们需要特别注意。这些用户对于我们的营销效果可能并不理想，因为他们的活跃度并不高。同时，由于他们关注的账号数量过多，他们可能会错过我们的推广信息。因此，我们需要通过一些方法来筛选出这些用户，并有针对性地清除他们。通过这样的方式，我们能够保证投放到目标用户中，达到更好的广告效果。

最后，我们需要注意的是，精准的标签投放不仅可以增强广告效果，还能让我们在竞争激烈的市场中站稳脚跟。通过对用户深入的了解，我们可以在广告投放中，更准确地把握目标受众的需求和兴趣，提高投放精准度，减少广告浪费。因此，我们应该通过分析用户数据、运用机器学习等技术手段，构建准确的用户画像和标签体系。只有这样，才能实现营销的最大价值。

总之，标签精准对于推广的重要性不可忽视。通过控制增长速度，清除不合适的粉丝，以及精准的标签投放，我们可以提高广告效果，优化用户体验，获得更高的转化率。

标品做全渠道更健康

1.对于标品而言，"抖"品牌、"快"品牌是伪概念。

2.做得好的标品，一定是全渠道品牌。只不过在不同阶段，哪个平台更有红利、投产更高，就重点去做罢了，这是阶段性选择。

3.快消品的营销已经"卷"到极致，品牌应该回归到功效、卖点、产品上去练好内功。

4.品牌营销的终极目标还是要回归内容，内容是非标的，不容易被"内卷"到，也不容易被平台卡脖子。

抖音没有强势品牌，只有爆品逻辑，因为达人只看好不好卖，达人有比较强烈的跟风习惯。

抖音上的爆品，不是抖音决定的，而是由人的需求决定的。和天猫一样，爆品是循环往复的，夏天需要蚊香，冬天需要唇膏、润肤露。

在类目上没有什么变化，团长和供应链都有预期，历史在重复，爆品、脚本、操作方式都差不多。

我们最主要的判断是认为消费品牌需要通过产品驱动，而不是通过渠道驱动。

产品驱动当中需要通过大单品驱动。如果你不做锅圈、盒马、叮咚买菜等渠道，那你大概率上是需要通过大单品去驱动的。

回首过去200年的消费历史，你看到所有的消费品牌，刚开始都是靠一两个单品起来的。

前段时间方便面比较火，中国的方便面大概有600亿的市场，但其中光是红烧牛肉面跟老坛酸菜面这两个口味就占了整个方便面60%的市场。

元气森林去年有将近70个亿的销售额，但是将近一半的销售额来自他们的无糖碳酸饮料。

所以，如果没有大单品，就没有办法驱动一个消费品牌的成长，这个是我们一个大的判断。围绕这个判断，你才会去在大单品上下功夫，否则品牌是难有发展的。

我有一个核心的困惑，很多创始人跟我说："我知道成功的路径是爆品完成冷启动，带一波，然后再继续寻找新的爆品。一个真正的爆品，它的周期要越长越好，且越爆越好。"

他们可能面临这样的问题：创始人可能没有手感和逻辑去寻找爆品，爆品反而变成了一个所谓的新国货。创始人沉迷于新国货，自恋于新国货，去定义了很多东西，加了很多细分标签，让产品过于垂直以致没有规模了。

我问创始人:"你们当时的手感是怎么来的,路径是怎么来的?"

其中有创始人说:"我觉得最大的问题,倒不是说没有人相信大单品能驱动,其实是更多人不相信大单品能驱动。"

他认为需要通过新品的不断叠加,来获取用户和流量。我觉得这是一个陷阱,非常大的陷阱。你在很多的新品上突破不了的时候,往往想去做叠加,希望通过加法来完成目标。

大家在这个陷阱当中无法自拔。而无法自拔的原因就是,一出新品好像真的有销售。就好比我们出很多SKU,出很多的产品,它就真的会有销售,真的会有人喜欢。因为中国市场这么大,一个东西或多或少都会有人给你建议,会给你好评。

最后你认为这个不是最好的,便又不断地去获取下一个。

我们为什么要上新?为什么不把前面的产品做好?我觉得现在很多消费品,大家不是没有找到,而是没有做好。其实更多人是不愿意去把他已经找到的东西做好,这才是真正的问题。

今天我们看到很多消费品公司,他们的产品其实都不差,最后都没有坚持去做。

很多人的心态,可能总是认为还有新的机会,然后在新的机会上花一年两年的时间,最后浪费掉了时间上的积累。

不但没有在一件事情上下苦功夫,还过早地把自己否定了,我觉得这是当下最大的问题。

当然,不上新基本是不可能的,但是想上新要说服很多人才行。

当我们所有人都往一面城墙上去攻的时候,才会知道,原来这座城墙有这么厚，原来有这么多事情可以做。不是简单地把它拼起来做个包装，做个设计，不是这样子的。

我是学选矿的。不同的矿的含金量从某种程度上来说区别不大。

重要的事情是你花足够大的力气，找足够好的人，投入足够大的资源，尽可能地去把这个事情挖掘得彻底一些。

品牌商们在抖音上的感受

抖音已成为品牌营销的热门平台之一。在这个平台上，品牌需要关注以下几个策略：

首先，提高客单价，可以通过商品组合来实现。抖音的直播间具有滚雪球效应，因此品牌需要不断提高直播间的销售额。通过组合不同的商品，品牌可以更好地提高客单价。

其次，品牌需要强者恒强。在抖音上，优秀的直播间可以带来更多的关注和流量。因此，品牌需要努力提高直播间的品质，提高用户对品牌的认知度和忠诚度。

再次，品牌需要提高自身的营销运营水平。这需要做好场控、话术、场景和账号包装等工作方面的细节。只有做到这些，品牌才能在抖音上脱颖而出，成为用户喜欢的品牌。

最后，品牌需要认识到抖音是一个重要的销售渠道，特别是对于自有仓和大经销商。通过抖音这个渠道，品牌可以更好地推广和销售自己的产品。

除此之外，抖音官方对电商的态度也值得品牌商们注意。抖音认为，内容化是越来越重要的，只有有趣和吸引人的内容才能够得到用户的关注。短视频具有很强的转化率和客单价承受力，因此品牌需要充分利用短视频这个工具，提高销售额。

抖音也在重点扶持商家达人，这些商家既有人设，又有好的内容，还能卖出好的商品，这种生态可以保持多元平衡。另外，抖音正在进行天猫化的过程，引入更多的大牌，提高热度和供给侧的质量。同时，抖音也在孵化自己的品牌，这些品牌原生于抖音平台。这些动向都是品牌商们需要关注的。

食品类爆款如何打造出来

食品类产品在抖音平台上打造爆款的关键是什么？一位有着多年网络营销经验的专家分享了他的经验和见解。

第一，选品是至关重要的。要选择新奇、特别的产品，能够引起用户的好奇心和购买欲望。大类目的产品更容易引起用户的兴趣，如休闲零食、特色食品、滋补类等。同时要开发与季节相关的产品，例如夏季的小龙虾和冬季的火锅。短视频的内容也应如此，产品的价值感也很重要，能够支撑渠道费用和溢价。

第二，内容素材也是至关重要的。短视频引流至关重要，而重点不是主播本身，而是短视频。内容素材需要与直播间内容100%匹配，从而吸引用户进入直播间。品类选择要对，人群够广，100条视频，1条成为爆款就好了，这个过程需要低成本，但需要不断地堆砌成本。

供应链的难度比较高，但并不像美妆卖货那样"内卷"，毛利率在40%～50%的范围内。不过需要注意的是，大类目容易消失，小类目都是时间的敌人，这就需要控制内容IP或者控制货源，甚至自己创造品牌，实现全域精细化运营。

此外，这位专家还分享了一个典型的案例：无骨鸡爪的一个品牌方，仅仅用一条视频就卖出了2300万元，并在第一天卖了80万元，原本还只是一个小店里的一个产品。这表明，产品本身的质量和价值是最关键的，它能够穿越流量迷障，实现成交。

【案例】

火过必会再火

在当前的短视频领域，很多人会问："到底什么才是最容易爆且效率最高的内容？"事实上，短视频平台的核心逻辑就是翻拍爆款和进行二次创作。

当然，这并不是说所有的热门内容都是值得去翻拍或者进行二次创作的。因为短视频平台的用户群体和市场环境在不断变化，需要持续的市场调研和精准定位。

在产品的打磨方面，我们需要通过对付费用户的调研来完成产品的复盘。也就是说,我们需要仔细统计足够多的付费动机,例如在10000个订单中,我们需要分析其中的最大原因、最多原因等,这些内容可以在直播间里反复讲解,成为最靠谱的销售抓手。

为什么要这么做呢?因为用户永远比你想象得聪明,付费用户永远会给你最真实且有力的内容素材,他们对经历过的事情和感受到的东西最有发言权。因此,通过精准定位用户的需求和痛点,我们才能够打磨出更为优质的内容和更具有吸引力的产品。

此外,热门内容的再次火爆也是需要重点关注的。当我们发现一个内容在某个时间点上非常热门时,可以考虑在之后的一段时间内再次推广它。因为这个内容的质量非常高,不管是从制作角度还是从用户反馈角度,都表现出了很好的效果。

总而言之,我们需要通过市场调研和用户调研来精准定位用户需求和痛点,从而打磨出更优质的内容和产品。同时,热门内容的再次推广也是我们需要重点关注的,因为这些内容已经证明了其质量,再次推广也能够带来较好的效果。

05

第五章

新模式红利

新模式根植于新变化

用户习惯的变化：需要再买vs开心就买

随着科技的不断进步和社会的不断变化，互联网平台也在不断地演变和发展。以前的互联网平台主要是通过需求收集来获取用户，用户需要什么，平台就提供什么。各种媒介对收集刚需有效，但创造和引领需求的能力较弱。

然而，随着社交媒体时代的到来，需求的创造和引领能力发生了巨大的变化。现在，需求可以被短链接创造和引领，用户可以通过社交媒体发现新产品或服务，并对它们产生兴趣和需求。这一模式的代表是短视频平台——抖音电商。

在大数据媒体时代，需求的创造和满足能力更是得到了极大的提升。通过大数据分析和算法的运用，平台可以实现瞬间创造需求和瞬间满足需求的目标。抖音电商已经分好了不同电商画像的人群，其中钱包划分最贵的是"精致妈妈"。内部数据显示，一个精致妈妈一个月会在抖音花费10000元以上，而作为消费升级新势力的"小镇青年"则可能只花费1000到3000元。

针对这些变化，品牌商们需要采取新的营销模式和策略来应对。在抖音电商上，品牌可以通过短视频展示产品，吸引用户的兴趣和需求，然后通过直播等方式进行销售。此外，品牌还可以根据平台提供的数据和用户画像，精准地定位和吸引目标用户，提高销售转化率。

然而，这种新模式也面临着挑战和风险。品牌商需要不断创新和提升产品质量，才能在激烈的竞争中脱颖而出。同时，品牌商还需要注意保护用户的隐私和数据安全，避免出现违规行为或信息泄露等问题。

综上所述，新模式根植于新变化，品牌商需要紧跟时代潮流，积极拥抱新技术和新模式，实现营销创新和转型升级。

场景的变化：属于直播间的人货场场景红利

现在的新媒体红利，第一个是直播人货场理论的红利，我给大家讲讲文创产品的案例，以及醉鹅娘案例，让大家了解一下。

首先我给大家列举一个非常典型的例子，就是一颗玉米卖了好几千元。新零售里面的人货场到底是什么？到底吃到了什么红利？

为了能够实打实地了解新媒体红利的真相，我在直播间蹲守了好几个晚上，并直接下单去体验。实践出真知，很多时候我们作为B端（商家、公司），不从C端（用户）的角度去思考，不去切实地购买和享受服务，就不能理解红利是什么。

这个产品，我一开始就觉得不能理解：为什么一颗玉米能卖几百元？甚至有些特别有型、好看的玉米能卖8888元？

大数据驱动下的新零售，是人货场的模式，我曾经看过一个人货场模式的逻辑图，就是以人为本，人是核心要素，然后基于人匹配新的货，制造新的场。

所以，我自己就去深入地思考这个问题：什么情况下才能让看直播的人能够买一颗几百元钱甚至几千元钱的玉米？你设想一下：你现在要是在路边或在商场里面看到这样的店，你会觉得匪夷所思，而为什么在直播间里面它就成立？

在不断满足消费者个性化需求的同时，新的媒体即我们现在的短视频直播平台，通过大数据挖掘消费者的隐性需求，打造多元化的新消费场景，让消费者在得到更好的消费体验的同时，购买到心仪的商品，这就是直播间红利的真相。

也就是说，这个场会让你觉这个玉米有这么多人认同。别小看这个直播间，同时在线永远是100人上下，它每天的销售额少的时候是小几万，多的时候是大几万。这种产品毛利之高，大家都心知肚明，为什么能做到？就是因为受新媒体红利的影响。直播间的媒体红利不只是触达用户，它还能够塑造一个场，而这个场会让用户觉得在这里买东西不会被坑，而且买的东西有普世的价值，并不是只有自己一个人认同，还有很多同好之人认同。

全媒体新链路——每个环节都能挤出利润

在全媒体时代，模式的优化就是链路的优化，每个环节都能挤出利润。

跟谁学这家公司，构建了系统性的变现能力，吃到了4个红利，分别是新媒体红利、新品类红利、新模式红利和新卡位红利。

因为这几个红利之间是乘法关系，所以每个环节优化一点的话，它最终的产出就更高，毛利就更高。那怎么做到这一点呢？

营销漏斗模型被广泛应用于互联网营销行列，通过分析，我们可以知道这个漏斗的背后有哪些环节是我们看到，但是我们没有做好的。首先我们找到每一个环节，然后列出每一个环节中可提升的点，最后通过工具和人力运营提升它的转化效率。

高性价比的产品提高它的破冰率，通过拼多多模式带动同温程序，互相照亮。客户高价值销售促进转化率，通过利益机制和内容工具，开启社交安利模式，促进拉新。这就是当你懂了全媒体之后，你就会根据现在的媒体环境和媒体工具，去做原有运营模式的迭代，而迭代的结果也会很明显。你会发现优化完之后，每个环节都能挤出足够多的利润，就是原来有可能漏得特别厉害，你优化之后就不漏了或漏得少了，最后的利润产出比很高。我们会做很多次迭代，它的迭代逻辑是这样的：做投放的迭代，在新媒体的学习这方面，我们会去试图跟目标做更精准的匹配。然后我们会在各渠道做很多的测试，做很细的东西，这是术的层面的东西。各位作为创始人、高管，不需要去了解具体层面的东西，我给大家呈现出来的原因只有一个，就是你得知道，其实这东西是有可为的，而且你得跟下面的人讲明白你要做什么。你定战略、策略的时候，要考虑到这些，然后进行破冰迭代，进行破冰产品的优化。原来300元的广告获取一个用户，你破冰产品的成本是50元，你把破冰产品的成本升到100元的时候，150元就能够获取一个用户，那总的成本就由350元变成250元，这笔账很好算。

　　你原来的整个链路通过各个环节销转到最后，能约上课的一个用户的成本是200元钱，而你通过直播间直接跟用户互动，能约上课的用户的成本是50元钱，那你是否会把直播卖课这个事情作为各种卖课渠道的首选呢？

　　对转化迭代进行各种测算后，我们会得出各种结论，其中有一个结论是，它一定存在水分和毛利，就看挤出来没有，而挤出来的方式就是不停地迭代整个运营模型里面的各个节点。因为现在处在全媒体时代，你的用户会留存在很多个平台，你的整个销转有一个长周期的过程，而在这个过程中有一些你要去努力优化的点，也就是模式的落地点。我们推荐一个产品，都会做足够多的模型去测试，找到最适合推荐给用户的节点。

　　每个公司的每一个赛道都不一样，而你需要做的就是去搞懂这个事情，然后找到自己的那些要挤出利润的点，找到自己的抛物线。这个我们中后期会将其精细化。

多平台承接成必然

　　随着互联网的发展，公域和私域的划分越来越明确。在公域中，粉丝留存是至关重要的，因此品牌建立和破冰成为关键因素。在私域方面，客户留存是核心，而真正算作私域的，是已经发生过交易的用户，需要重点关注复购和口碑。只有可以主动触达用户的，才算作私域。

随着互联网平台的多元化，一个平台已经不足以满足企业的需求。因此，多平台承接成了必然。在多平台的情况下，企业需要同时重视公域和私域。公域包括社交媒体、搜索引擎等平台，而私域则包括自有网站、微信公众号、小程序、App等。不同平台的特点和功能不同，企业需要根据自身需求和用户特点，选择合适的平台进行布局。

在公域方面，企业可以通过内容输出、社群运营等手段，增加用户黏性和留存率。例如，通过优质的内容，提高用户的关注度和兴趣，进而将用户转化为粉丝，同时通过社群互动，增强粉丝的归属感和参与感。此外，企业也可以通过广告投放等方式，提高品牌曝光度和知名度。

在私域方面，企业需要建立自己的用户数据库，并实现多维度、多场景的用户画像。通过精准的用户定位和个性化的服务，增加用户的忠诚度和复购率。同时，也可以通过营销活动、优惠券等方式，吸引用户参与和消费。

总之，在多平台承接的过程中，公域和私域的综合利用，对企业的发展至关重要。企业需要根据不同平台的特点和用户特点，制定相应的策略，实现全渠道、全方位的营销布局，从而更好地服务用户，增强品牌影响力。

成本结构优化——为何看项目先看模式

在研究成本结构优化之前，我们来讲讲为什么模式会被优先关注，投资人看项目的时候为什么先看模式。大家都知道，很多生意都是一个漏斗加喇叭的模型，它的整个运营模式决定了最后事业的规模，以及利润的规模，在这样的背景下，我们就会去做很多模式上的优化。

以在线教育为例，我们会找到很多破冰的迭代方式，让用户更容易变成我们的付费用户，从99元钱的课程包到49元钱带礼盒，再到9块9带课件和礼盒，就为了让更多用户成为我们的付费用户。

观察整个链路过程你会发现，以前我们卖课是通过投广告，用户填表后我们给用户打电话，然后加微信，加微信之后再约课。现在不是了，现在的卖课方式是直接让用户进直播间看，看中了买，没看中下回接着看。所以整个链路就变短了，这就是链路的迭代。

再者就是用户价值的挖掘，我们不只是希望你能成为我们的客户，我们还希望你身边的用户也能成为我们的客户，所以我们会构建私域去跟你交流，去跟你互动，希望你帮我们生产一些内容，帮我们裂变新用户，这就是用户价值的挖掘。用户价值的挖掘在整个模式里面算是最有价值又最累的一部分，一开始对它会产生纯投入，后来能否高产就得看运营水平了。

但是算总账的话，从概率上看其实是非常值得的，原来一个用户可能在首单的时候亏个小几千，但是到了真的成交而且加上我们迭代的整个模式之后，他能给我们创造的利润会比之前高得多。做一个用户能赚回3个之前亏的本，毛利还极高，为什么说成本优化要看模式，就是因为模式决定了结果。

大品牌与抖音合作的注意事项

在大品牌与抖音合作的过程中，货品的配置是非常重要的。具体来说，以下是几个要点：

目标统一，配合着来一起组织货盘。大品牌与抖音需要共同制定一个目标，例如增加销售额、提高转化率等，然后根据目标来组织货盘。同时，需要配合抖音的特点，例如视频形式的内容和短时效性的活动来展示货品，提高客单价和销售量。

避开错品，尽量不要卖高客单价的货品。抖音的客单价往往要比天猫的高很多，这是因为抖音的用户更倾向于冲动消费和兴趣电商，而流量成本也更高。此外，抖音上的竞品情况和天猫不同，需要特别注意。

在与抖音合作的过程中，大品牌需要注意抖音的用户特点和行为习惯，结合自身的产品和品牌形象，制定适合抖音平台的营销策略。只有做到合理的货品配置，才能获得更好的销售效果和品牌影响力。

在目前的电商环境下，大品牌在抖音直播间的货品配置方面应该注意以下几点：

直播间个数应该由货盘数量而定，不要自己抢自己的量，以避免浪费资源和精力。

整体不亏损是对大品牌的基本要求，即使不是媒介投放，也需要在整体利润上考虑抖音直播的作用和价值。

抖音直播是必须要做的新渠道，因为抖音用户中，年轻人占比更多，对大品牌的年轻化转型具有重要意义。

在达人和自播之间做选择时，要根据品牌的定位和需求来确定主要方向。达人主播可以帮助品牌提高曝光度，但是价格较高可能限制自播的发展空间，而自播则可以更好地控制价格、ROI和货品质量，对于品牌的组品压力也相对较小。尤其对于大品牌来说，自播的势能更强，虽然起步难度较大，但一旦打开，就可以获得更好的效果和回报。

因此，大品牌在抖音直播间的货品配置应该以整体不亏损、年轻化转型和自播优化为主要方向，以实现更好的营销效果和商业价值。

抖音作为一个新兴电商渠道，对品牌的中心化用户运营政策具有一定的挑战。一方面，品牌端需要将抖音账号作为一个势能的承接点，通过直播间等方式建立用户的黏性；另一方面，抖音平台主观上也希望能够往会员、CRM（客户关系管理）、核心用户资产阵地、商城逻辑等方面进行拓展。然而目前对于大品牌而言，抖音仍然是一个新渠道，要在其中建立起品牌资产意识还有很长的路要走。

在抖音粉丝群方面，客观来说还是以卖货为主，品牌资产的意识还没有形成。抖音用户的习惯和行为也尚未形成，没有建立起有效的交流和互动。品牌需要通过深入了解用户的需求和行为，提供更优质的内容和服务，通过抖音平台建立用户黏性。同时，品牌也需要在抖音上寻找到适合自身的运营策略，建立更具个性化的品牌形象，提高用户的忠诚度和满意度，从而在竞争中脱颖而出。

私域化运营模式

私域本质是关系链流量

私域流量主要有朋友圈、微信群、小程序、公众号、点对点聊天和视频号七个载体。

这七个载体灵活运用，可以拼搭出私域流量的十几种主流玩法。

私域分类

一般来说，在电商行业中，可以通过三种模式来销售产品，分别是店群模式、直营模式和训练营模式。

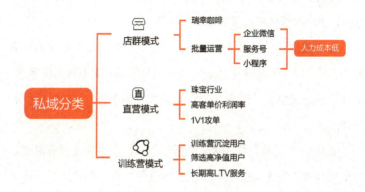

品牌私域化运营【老品牌】

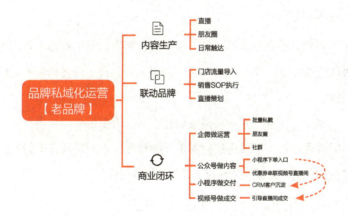

　　随着电商的迅速发展，品牌电商已经成为大势所趋。在新时代，消费者需要从品牌中获得情感共鸣和文化认同。大型实体品

牌拥有耐心和资金投入来打造品牌力，同时拥有天然的巨大流量入口，可以确保私域流量的稳定性。

私域是离消费者最近的渠道，而企业微信是目前最佳的私域资产选择。品牌私域化运营需要使用四个工具：企业微信做运营，小程序商城提供交付服务，公众号提供内容支持，视频号提供成交转化。

首先，企业微信可以通过批量私信、朋友圈和社交群来实现精细化经营。每天只能在朋友圈发布三条信息，而且这些信息必须是有价值、精心设计的，不能再像微商一样随意发布低质量的内容。

其次，公众号可以提供丰富的内容和引流功能，并为小程序商城提供下单入口，可以通过优惠券把不同平台串联起来，引导用户转化。

再次，小程序商城提供完善的交付能力，除了购物之外，还可以通过CRM（客户关系管理）来做客户沉淀，这是私域化运营的核心。

最后，视频号是一种成交转化工具，需要引导存量用户到直播间进行交易。私域化运营离不开视频号，但它目前还不能像抖音一样买量，必须经过精细化运营才能取得成功。

私域运营的策略层面【策略】【女性美妆类】

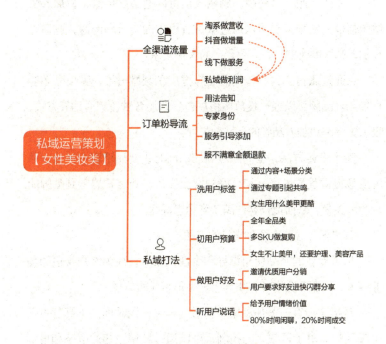

　　私域化运营已成为品牌营销的重要趋势，通过私域化运营可以建立更加紧密的品牌和客户关系，提升品牌影响力和用户忠诚度。以下是几种私域化运营的方法：

　　1.在淘系订单中加入私域微信号邀请，让客户加入私域微信群。这样可以让客户在购买商品的同时加入品牌的私域微信群，加强品牌与客户的联系。

　　2.在抖音达人分销中，通过私域微信号进行推广。品牌可以与抖音达人合作，在其推广商品的同时，让他们邀请用户加入品牌的私域微信群，这样可以加强品牌的曝光度和客户关系。

3.在线下服务过程中，销售人员可以邀请高价值客户加入私域微信群。销售人员可以通过服务过程中的交流和沟通，邀请客户加入私域微信群，建立更紧密的客户关系。

4.通过微信广告、营销活动等推广私域微信号，吸引更多客户加入。品牌可以通过投放微信广告、开展各种营销活动等方式，吸引更多客户加入品牌的私域微信群。

除了上述方法，提高私域利润的同时也要注重客户体验。品牌应该提供优质的产品和良好的客服服务，让客户感受到品牌的用心和关爱，从而提升客户满意度和忠诚度。

订单粉丝导流有两种常见的方法：

提供专业的产品使用指导和个性化服务，成为客户身边的美业专家，以服务为引导，引导客户添加私域微信号。

直接邀请客户添加私域微信号，承诺一段时间内不满意可以全额退款。对于退款率的控制，可以通过私域销售的解答和培训来实现，同时因为线上的客单价不高，所以退款率是可控的。

线下门店导流的核心是与客户进行充分的交流：

1.用内容和场景来丰富客户标签

客户加入私域后，销售人员可以用内容和场景的方式来丰富客户的标签。例如，为女性提供一个专题，讲述如何打造更美丽的睫毛，如何让指甲更加耀眼，帮助客户找到共鸣点。

2.一次性切走客户全年全品类的心理预算

一个产品往往不能解决客户所有的问题，客户需要的是解决方案和一系列产品。例如，对于爱美的女性来说，她们需要的不仅是美甲服务，还需要护理、美容和各种功效产品。因此，销售人员应该提供多种产品，反复卖出，提高客户客单价，并实现复购，将客户全品类全年的预算全部切走。

3.与客户成为双向好友，让客户代替你持续发声

私域看客最多，客户不是看不见，只是没说话或者不知道说什么。邀请优质客户做专题分享，分润给他们。例如，让客户邀请他们的好朋友加入快闪群并准备礼物，因为是客户自己在分享，所以更容易产生共鸣，同时在群里演绎剧本，实现褒奖和推荐，营造消费冲动。这比品牌自己宣传更具说服力。

4.宁可让客户天天给你提意见，也不要让客户沉默

在销售过程中，最怕客户不说话，因为这样你就不知道客户想要什么了。而让客户不断发表意见，不断表达他们的需求，这对销售人员来说非常重要。因此，销售人员必须与客户进行交流，花费80％的时间聊天，花费20％的时间进行交易，给客户情感价值，倾听客户的需求。

【案例】

博商矩阵化运营

博商作为一个企业培训的教育品牌，是继双减把K12之类新媒体营销大军逼退后，算是在教培行业里做得比较好的一个品牌了。它其实一开始是做线下的，做一些企业咨询服务，活得不温不火、不好不坏。而随着短视频与直播红利的到来，他们把线下做公开课到高单价客户销转的流程，复刻到了线上。并且通过在抖音和视频号上矩阵化，将商业模型快速放大。它的逻辑就是矩阵化一切。

矩阵化一切就是除了将特别好理解的账号矩阵化之外，将产品、IP也矩阵化，连执行团队也通过类阿米巴的方式进行矩阵化管理，所以它是一个把矩阵化经营刻到骨子里的公司，我把它当作矩阵化营销的代表。

他们身上有很多值得学习的东西，例如他们如何做内容，其内容的核心就是围绕着这个讲师IP来的。还有如何选天然能够吸引流量的讲师，如何跟讲师达成深度合作，如何找到适合讲师讲的选题，都是他们的核心竞争力。内容做完之后，怎么在各平台上去最大化宣发，如何把人物IP的能量发挥到最大化，如何配合投流，如何做这个高单价的销转，如何从线上转到线下，然后从低价转高价。在这个过程中，各个矩阵都各司其职发挥相应的作用。

销售额=IP数量×（内容+直播+广告）流量×（私域+会务）转换效率×复购率

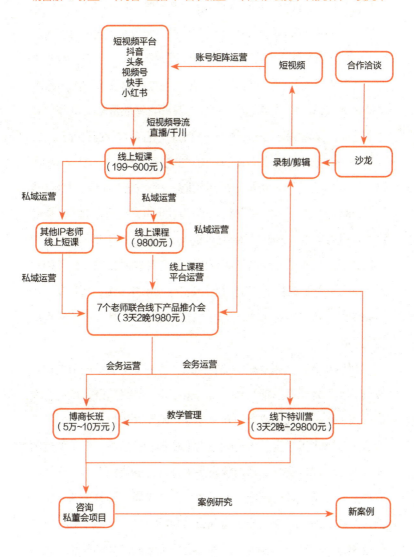

　　首先就是做抓量内容。博商的目标受众是市面上两三千万个小老板。他们的诉求，平时遇到一些什么问题，哪些问题愿意付费去解决，想跟什么人抱团，他们心目中的专家形象、老师IP应该是什么模样。根据这些去筛选出老师IP人选，然后把小老板们普遍关注的问题需求模块化，再有针对性地去找擅长解决这一类问题的老师来做试讲，试讲完之后就试剪，最终看播放量来决定是否签这个老师，核心目的只有一个——找到天生有观众缘的老师。

　　跟IP合作，他们打磨出一种比较强的绑定方式，合作期限5年起，长的有可能要7~10年，然后把讲师IP的整条产品线，包括199元、1980元的课，金额达万级、十万级甚至百万级的咨询单，全都跟博商进行分润。相应的如果老师要解约的话，得根据粉丝量和以往分到的钱来做一次结算才可以离开。对老师而言，如果所有人物IP化与变现的事情都自己做，其实成功率并不高，与其这样还不如专注去做内容和讲课，阶段性成为博商的工具人，其实也能名利双收。

　　然后是老师视频素材的拍摄问题。首先为了让这些习惯讲传统线下课的老师讲出精气神，为剪出好素材打好基础，博商会专门在线下租一个场地或专门弄一个棚，跟平时讲课一样，安排一些员工在这边当学生，给他们做内部培训。相应的，台上的老师就正常去讲课，这样老师的状态是最好的，会讲出很多金句，会有很多自带精气神的画面，非常适合后期剪辑，而且一口气拍个三天两夜、两天一夜，能够剪几百条视频，够用一年半载，这样的效率是特别高的。作为观众的小老板们观看时如临其境，也为后来线下卖课埋好一个伏笔。

　　另外，剪辑时，他们会让许多编导和剪辑师去配合，把拍出来的几百个素材都提供给他们，让他们用自己的方式、自己的感觉、自己的视角和自己的经验去剪辑这些内容，这样就能解决老师所讲内容只能在一个平台、一个账号宣发的问题。系统会默认这是一个线下的场景，是公众不同视角，且内容不同的视频，以此换取最大的内容宣发量，取得几十倍上百倍的增长，甚至可以达到十亿级播放量。

　　每个账号每发一条内容，平台一开始给的初始量都有一个绝对值，几百到几千，但是这几百到几千不见得真的能覆盖你的目标用户。所以，好的内容很可能很难进入下一个曝光量的流量池，这种方式就等于多次掷骰子，用几十次几百次掷骰子的方式来应对平台系统本身的制约，用数量去覆盖所有可能性。

　　他们就是这样从2019年开始，借着这一波基于短视频平台用户增长的商业红利，做到现在一年几十亿的收入。这种矩阵化运营的方式非常稳健，完全就是为了对抗短视频平台本身的不确定性所制定的针对性策略。既能通过海量内容抓取新媒体红利，又能覆盖千万级小老板们，获得他们提升自己能力的需求红利，还可以通过短视频卖199元、直播卖1980元的新模式红利，批量获取优质目标客户群进入私域进行二次销转，一定程度上也顺利卡位了小老板心目中的企业培训首选的心智。

　　当然，这个领域的收入他们已经做到了天花板，但是它本身的矩阵化经营的方法论和经验，是非常值得别的领域去学习的。

06

第六章

新卡位红利

　　心智是最长久的红利，是唯一跨红利周期的资产。商家若想有长足发展，唯有品牌化、IP化，找准自己的定位，如确定用户人群、品牌标签等。借助新红利卡位心智才能事半功倍，卡位用户心智就是在为自己赢得口碑。短视频平台的特殊性可以创造新赛道，在细分赛道里会有更好的卡位机会。

短视频平台的助力

商家如何看待抖音

　　垂直品类+垂直类目IP+垂直短视频内容+垂直直播间的营销模式，短视频平台上的优势在其垂直化程度更高，能够更精准地满足用户的需求，提高用户黏性。在抖音这样的短视频平台上，许多垂直品类的覆盖率、渗透率和用户需求满足程度较低。因此，对于初创企业而言，切入这样的市场非常适合。这类企业可以通过建立专题直播间，持续发布垂直类短视频和在直播间卖垂直的货来切入市场，获得初步成功。在此基础上，再通过强大的渠道拓展能力来扩大市场份额。因为精准度更高，所以这类垂直直播间能够得到更多的精准匹配流量，成为抖音核心供给之一。因此，每个传统电商里的垂类搜索词，都可以在抖音这样的短视频电商平台上建立专题直播间，专门销售该品类的产品和服务。

抖音的算法逻辑VS天猫的搜索逻辑

从用户角度来看，传统的电商平台如天猫，更多的是等待用户提交需求，而新兴的内容兴趣电商平台如抖音，能够提前洞察并截流这些需求。这是因为在日常的短视频直播内容浏览和互动中，用户展示了自己的真实状态、喜好和需求，这是其他平台无法完全获取到的。因此，对于那些等待用户自主搜索的品类，这些短视频平台就有更大的机会。与传统电商相比，短视频平台能够通过大数据能力和销售场景的灵活性，主动引领和解决用户需求，实现全面、精准的匹配。

因此，在短视频直播平台上，很多品类的销售量远大于传统的电商平台，这是因为平台的算法逻辑深度挖掘了用户需求。总之，短视频直播平台和传统电商平台的一个重要区别是，前者能够主动引领用户需求，后者则更多地等待用户提交需求。

新卡位红利的认知差
品牌来不及，创始人先"卡"为敬

品牌的生长周期需要长时间的耕耘和积累，但并不是所有企业都能够熬过这个过程。在现代商业环境中，市场竞争日趋激烈，品牌的发展需要具备更高的敏锐性和灵活性，以适应消费者的变化和需求。因此，品牌战略专家需要不断地关注市场趋势和消费者需求，以及时调整品牌战略，这才能确保品牌的发展。

大多数品牌并不需要成为普世品牌。虽然成为普世品牌是许多企业的梦想，但并不是所有品牌都需要这样的定位。品牌战略专家需要根据企业定位、产品特点、市场需求等因素，制定适合自己品牌的定位策略。有些品牌可能更适合在某个特定领域或市场成为领导者，而不是成为普世品牌。通过准确定位和精细化管理，品牌可以实现更高效的发展和更大的市场份额。

明确品牌的主要目的是与消费者建立联系，传递品牌的价值观和文化，提高品牌的知名度和认可度，以实现商业利益的最大化。品牌战略专家需要通过不断的市场研究和对消费者的分析，了解消费者的需求和心理，以制定有效的品牌定位和传播策略。同时，品牌的目的也是建立品牌忠诚度，让消费者愿意为品牌付出更多，从而形成可持续的商业利益。因此，品牌战略专家需要着眼于长期发展，注重品牌建设的稳健性和可持续性。

创始人IP化相对于企业品牌化的优势

创始人IP化优先于企业品牌化。

众所周知，品牌塑造成功后就能一本万利，企业就能享受品牌溢价，消费者对企业也会有忠诚度，诸如此类。普通人一年下来可能买了几千个产品，但能记住的品牌很少。特别是把那些大品牌排除后，能记住的新品牌更是屈指可数。做品牌周期长是个很现实的问题，在这样的背景下，如果你作为一个创始人，要做一个新的品牌，有没有更好的路径，可以让你一边更好地求生存，一边让品牌能慢慢地生长出来？这里面有一个捷径，即"人物的IP化"。

人物IP化之后，即使你的企业和产品还没有成为一个知名品牌，你也能享受到成为一个品牌之后的几乎所有好处。大多数人被人物IP引领后做了产品购买决策，到使用产品前，对品牌或公司的名称一无所知。

首先，我们来看看成为一个人物IP之后的好处。

第一个：个人品牌具象化，不再虚无缥缈。

第二个：个人影响力资产化，例如你可以拥有自己的私域铁粉。

第三个：做IP化能逐步提高当事人的社会地位。成为IP之后，去对外洽谈、合作或别人来找你的成功率都会高很多，数量级和囤货率都会高很多。

第四个：逐渐减低的合作成本。即你成为IP之后，别人来找你，或你去找别人的合作成本会降低。

第五个：To B、To C、To VC（面向风险投资）都适用。这个是我自己践行的结果，就是无论你To B去整合资源，还是To C去售卖产品，输出你的价值观，还是到最后在你阶段性需要钱的时候，To VC也比别人容易得多，投资人更容易给你钱。

第六个：能跨周期、跨行业变现。你一旦把你的个人IP塑造起来，它确实能跨过一定的周期，而且不会受到行业太大的限制。

以上这些IP化之后的效果，都几乎等同于成为一个品牌之后能享受到的好处。

我一直很想搞明白一件事：塑造一个企业或产品品牌的过程很久、很难，但塑造一个人物品牌，或者称之为个人IP的周期很短，那么到底是什么力量，让人物IP身边的人和用户，会把他当成一个成熟品牌对待？

我目前能想到的原因有以下几点：

1.人物IP比品牌更容易引起人的共情，毕竟面对的是真人。

2.人物IP比较容易从个人经历上找到增强背书的标签，例如名校学历、名企经历。

3.人物IP比较容易秀专业度，特别是通过短视频和直播的方式。

4.人物的故事更容易传播，例如很流行的"十年体"。

5.人对人的认同感天然比对企业和产品的认同感容易建立。

创始人IP化卡位方法论——霸蛮牛肉粉

霸蛮牛肉粉，作为一个DTC（Direct To Consumer，直面消费者）餐饮品牌，基于短视频平台提高影响力，完成招商目标。

基于品牌给消费者带来的三个核心价值，如何与案主的品牌挂钩？

在帮助消费者降低决策成本方面，霸蛮牛肉粉这个品牌基于已有的知名度，确实可以让新旧消费者相信，无论口味、性价比还是食材本身，相对于市面上其他杂牌粉都有明显的优势，这类数据从大众点评和美团外卖上的评分、销量和评价可以明显看出来。

在使消费过程变得愉悦方面，因为每个SKU霸蛮都基于爆款思维去做，基本上每个SKU都能比友商的体验更好，哪怕是外包装都能做到开启舒适，所以消费过程比较愉悦。

在帮助消费者社交方面就略显不足，我们目前探索到的一个方向：这是一碗由北大毕业的高知创始人开创的，具备"互联网思维"里最关键的产品思维的粉。所以有部分消费者给我们反馈在给周围的人转介绍时，会说这是一碗有互联网基因的粉，能引起非互联网从业者的兴趣，这一点上有一定的社交属性。

那接下来的问题，就是C端用户对霸蛮品牌的体感尚可，而面对日趋下沉的三四线城市，我们计划采取基于供应链优势，针对各个城市已有数家餐饮店的非小白从业者进行招商招募，如何通过数字化营销实现目标并且不损害品牌甚至要扩大美誉度？

核心逻辑就是不只是要让用户满意，还得帮助B端客户成功。

为了让不易被感知的价值被更多消费者和B端合作方感知，我们计划借助短视频宣发红利、直播间销转红利和创始人IP化模式红利来制定方案。

解决方案：基于创始人创业7年来自营数百家连锁店的认知，在主流短视频平台上进行"连锁开店"认知分享；同步在线上线下开办"连锁经营"实操课程；将高净值的B端合作方招募进"连锁经营"私董会。

认知分享、实操课程和私董会这三款知识付费类产品，可以分层让B端合作方全面了解品牌的行业，在未来的合作中一致性履行品牌承诺，也可以让总部给予各地店主足够的品牌支持，降低预期延迟满足提高对品牌成长的耐心，也可以确保总部对品牌的控制力，同时通过中台系统和供应链统筹实现品牌的变化性和一致性之间的适度平衡。

同时从乙方角度出发，让创始人认识到品牌资产评估和管理的复杂性，以确保长期合作的意向更为明确。

网红校长：网红IP成功潜力值测试

1.想火： 有想要成为网红博主的强烈愿望。这表明个人拥有一种强烈的愿望和动力，追求在社交媒体平台上获得认可和成名。这种强烈的动力可以激发自己不断进取和追求卓越的决心，这也是成功的第一步。

2.有货： 在某个领域能持续输出有价值的内容。这是吸引并留住粉丝的关键。这需要博主具备一定的领域知识、创意思维和创作能力，不断创新和探索，以满足粉丝需求和提升自身价值。

3.自信： 能在镜头前自信地表达自我。这样的博主可以吸引更多的观众和粉丝，取得观众和粉丝的喜欢和信任，从而建立起粉丝群体。

4.初心： 希望通过短视频帮助到更多的人。这样可以帮助博主与粉丝建立更加真诚的关系，提高粉丝的忠诚度和转化率。

5.心态： 能承受火了之后的网络舆论压力。具备良好的心态和承受力是成为成功博主的必要条件之一。博主需要承受舆论压力和不同观点的反馈，这需要博主具备良好的心态，采取积极的应对方式。

6.有时间：愿意为这个项目每天花一个小时时间。有足够的时间和精力去创作短视频，是成为成功博主的关键点之一，每天花费一定的时间创作高质量的作品是非常必要的。这需要博主具备良好的时间管理和创作能力，不断提升自己的效率和产出质量。

7.想赚钱：想通过短视频打造个人IP品牌变现。想通过短视频打造个人IP品牌并进行变现是成为成功博主的重要目标之一。这需要博主具备一定的商业意识和品牌营销能力，善于与品牌合作，最大化自身价值。

8.要求高：愿意一遍又一遍地拍摄打磨高质量作品。对自己的作品要求高是成为成功博主的必要条件之一，博主愿意一遍又一遍地拍摄和打磨高质量的作品，以吸引更多的观众和粉丝。

9.学习力：愿意放下固有思维听取专业意见并付诸行动。具备学习能力和愿意接受专业意见并付诸行动，是成为成功博主的必要条件之一。博主需要通过不断学习，提高自己的创作技巧和表现能力，适应市场需求和粉丝需求的变化。

10.能坚持：有至少拍摄100条短视频作品的决心。成功并不是一蹴而就的，而是需要博主付出大量的时间和精力，积累经验和粉丝，坚持不懈才能获得成功。拍摄100条短视频作品可以让博主不断积累经验，提高创作和表现能力，从而更好地吸引并留住粉丝。

爆款选题的PDCA模型

选题是制造爆款的关键。以下是PDCA模型中的四个步骤，可以帮助博主制造爆款话题。

1.Plan-预设目标，制造话题：选出可以引发好奇的话题，有争议的话题才能引发讨论，有讨论的话题才能促进传播。在策划选题时，需要设定明确的目标，并确保选题围绕目标展开，以实现商业目的。

2.Do-提供路径，强获得感：选题既要引发好奇，又不能让用户失望。博主需要提供观众关注自己的理由，包括社交货币、实用价值和刺激情绪等方面。

3.Check-话题核验，寻真去伪：博主需要关注抖音热榜、知乎热榜、微博热榜等，以了解当前的热点话题。同时，热点话题也需要与博主自身有关，只有这样才能让选题更有真实性。

4.Action-数据思维，匹配算法：博主需要利用数据思维，选择适合的话题并匹配合适的算法。博主应该选取曾经成功的热门话题，同时多选迎合人性的话题，以便利用人性对抗算法，制造更多的爆款话题。

【案例】

网红人物IP
醉鹅娘——红酒品类人物IP

长期以来，红酒一直是正式场合的经典饮品，象征着严肃和庄重。然而，随着人们对红酒的兴趣日益增加，需要有人用通俗易懂的语言向他们介绍如何判断红酒的品质，选择红酒，品尝红酒，并给出最可靠的建议。

此时，一个女孩站了出来，她的名字是王胜寒，有着不错的留学经历和背景。她原本可以在华尔街发展，但她选择走进直播间，向众多中国人介绍手中的红酒。

她为什么要这么做？年纪轻轻的王胜寒真的能通过销售红酒赚到巨额收益吗？

王胜寒出生于1990年，大学就读于美国的常青藤名校布朗大学，修读历史。布朗大学位于美国东部，距离纽约不远。在那里，王胜寒身边的同学出入米其林高级餐厅，穿高档时装，王胜寒却在吃路边的小摊，到批发市场去买几美元一件的便宜衣服。在大家都钻研金融课程、削尖了脑袋到华尔街找实习机会时，王胜寒学的却是历史建构，做的是乡村公益。

王胜寒这种和许多有钱人家孩子完全不同的做派，毫无疑问是受到了母亲的影响。

　　王胜寒肩上的重担有毕业的焦虑和母亲的期望。最终，她因对自己前途命运的迷茫困惑，发布了一段视频，表达和宣泄了自己的情绪，这成了她人生的转折点。

　　带有"纽约留学女"标签的王胜寒第一次爆红，她感到非常意外。2012年，一个视频突然进入了网民的视野。

　　视频中的女孩身材很好，化着浓妆，穿着时髦的黑色抹胸连衣裙，手拿名牌手包。

　　她对着镜头做出夸张的表情，用扭曲做作的嗓音抱怨回到北京后生活上的困难和委屈，如生活条件差、空气糟糕等。

　　这个女孩就是王胜寒，她通过观察周围人，自导自演了一个反讽视频。

　　但是，大多数网民没有真正理解视频中的真正含义，可能是因为她的表演没有达到预期效果。突然间，王胜寒的视频被许多批评和责骂淹没，但是观看次数却不断上升，使王胜寒成了中国最早的网红之一。后来，她不得不亲自向网民解释，这只是一个反讽作品。

　　当天，王胜寒和朋友聊天时，听到了一些留学圈中发生的故事，突然心血来潮，拍摄了一段小视频。无心插柳柳成荫，这段小视频为王胜寒带来了巨大的关注度，许多电视台、经纪公司和投资人与她联系，其中包括她后来的投资人之一——真格基金的徐小平。王胜寒回忆说："他认为我适合创业，是市场营销方面的人才。"

　　王胜寒并不打算进入这个领域，她也不认为拍视频成为"网红"是一个值得追求的目标。当时的王胜寒正在布朗大学学习历史专业，突然涌来的邀请让她不知所措。

随着"纽约留学女"的火爆，王胜寒每天都需要面对滚滚的谩骂和攻击。为了逃避这些指责，她在学校外租了一个房间独自生活，每天只专注于学习，并且尽可能减少与他人的交流。

据说，喝酒能够减轻负面情绪，王胜寒开始喝她以前一直轻视的上流人的象征——红酒。就在这个时候，朋友送给她一张酒吧消费卡作为生日礼物。

王胜寒说："那家酒吧很特别，可以尝到各种酒。我品尝了很多，发现每一种酒都有不同的味道。"

那天，王胜寒好像和红酒找到了心灵共鸣，每一种酒在她的品尝下都有了背后的故事。

她充满想象地描述着从酒中读出的味道："这种是贝隆夫人；这种是拉斯维加斯的少女；这杯酒是雨后的巷子里，一只毛茸茸的小绵羊朝我走来……"

随着她喝的酒越来越多，王胜寒发现自己似乎天生对红酒有着独特品位。她与红酒打交道，把她从迷茫中带了出来，心情也舒畅了不少。

王胜寒想更多地了解红酒，于是，她便踏上了葡萄酒学习的道路。

王胜寒一开始在高级餐厅工作，工作时间长，工资也不高，但她并不介意。因为这个工作使她可以近距离观察品酒专家如何品酒，也能接触到多种红酒。她注意调酒师的调酒方法，研究客人的品酒姿势，品尝各种酒，锻炼自己对酒的感知能力。她也尽量参加附近酒店的品酒活动，以获得更多的红酒品尝机会。她参加了各种品酒培训课程，并考取了国际品酒师证书。然而，她仍然认为自己在红酒领域里只是个"菜鸟"，并未深入研究此领域的核心。

王胜寒意识到她之前的自学只是对红酒知识的表面了解，所以她决定去法国参加为期一年的红酒专业资质培训。在她报名前，她和真格基金的投资人徐小平讨论了自己的想法，徐小平非常支持她，并向她承诺，只要她学成归来，就会投资100万元。因此，王胜寒从纽约来到了巴黎，她和老师一起参观了著名的酒庄，学习了红酒的储存和葡萄种植技术，甚至尝试自己酿造红酒。

在老师的教导下，王胜寒逐渐学会了很多关于红酒的知识，这些知识以前她完全不知道。她逐渐对红酒有了更深入的了解，可以品出不同年份的红酒，识别出不同产地的差异。她甚至仅仅听摇晃酒杯的声音，就可以判断出这瓶酒的品质。这令她的老师非常欣赏，称她是最有天赋的学生，是一个天生的红酒品鉴师。王胜寒感觉终于找到了属于自己的道路。随后，王胜寒开始了自己的红酒生意。然而，她发现，尽管自己对红酒已经有了非常丰富的知识，但是并没有人知道她。于是，她决定通过自媒体的方式把自己的知识传播出去，并推广自己的红酒生意。

随后，王胜寒决定将自己的红酒知识与广大红酒爱好者分享，于是她在微博上开通了自己的红酒自媒体账号，通过每日发布红酒评测、红酒品鉴知识等内容，吸引了大量粉丝，成了红酒界的知名人物。

她的自媒体账号越来越红火，不仅粉丝数量激增，还吸引了很多红酒厂家、经销商与她合作，并且她还受邀参加国内外的红酒品鉴活动。

而徐小平老师也兑现了他的承诺，投资了她。

因此，王胜寒决定开始制作红酒相关视频，在网络上传播。她希望通过直白明了的语言，向更多人介绍红酒，并将它从上层社会奢侈品的位置拉下来。她说："希望红酒能像对我有益一样，也能对其他人有所裨益。"但是，她的想法遭到了徐小平的反对。徐小平认为，首先应该建立粉丝群，提高在网络上的影响力，再考虑推广产品。最终，王胜寒不得不回到了拍摄视频、当网红的路上。

王胜寒就在这时候创造了醉鹅娘这一IP，人物设定是一个懂酒、爱酒的年轻女孩，用外行人也能接受的形式，为大家科普红酒知识，教大家买酒。她很快收获了大量粉丝，并在徐小平的推荐下推出付费语音节目《醉鹅娘葡萄酒词典》和视频节目《醉鹅红酒日常》。由于她的专业知识和迷人的外貌，这些节目在粉丝中掀起了一股热潮。

王胜寒的规划非常明确，她认为，红酒的运营不仅仅要追求流量，更要以打造品牌为先。因此，她把重心放在了降低红酒品鉴门槛上，用最平易近人的语言向大众介绍红酒的相关知识，让更多人真正了解红酒、爱上红酒。

同时，她也明确了中高端的红酒消费群体的需求，这群人已经有了自己的经验，知道自己想要什么，因此不需要别人再重复讲一遍。她针对这些有着丰富红酒经验的中高端消费者，为他们提供更高品质、更有特色的红酒产品，满足他们的需求。

醉鹅娘的成功之处在于对目标用户群体的精准定位：大量的年轻白领对红酒只是略知皮毛，有一定兴趣，因此他们对指导性、科普性的内容具有更高的顺从性。年轻群体的消费结构还未定型，购买力上升空间更大，瞄准这个群体的销售空间也更加广阔。醉鹅娘通过这个群体易于接受的方式，指导他们的消费方向，使内容得到更有效的渗透。除了电商平台的常规销售途径，企鹅团（由醉鹅娘王胜寒和喵猫张喵喵创办的精品美食美酒品牌）还有独具特色的会员订购服务，客户每月都会收到一瓶价格在200元左右的红酒。

每月从30瓶酒中选择一瓶是企鹅团的核心服务。这项服务曾经为公司带来了第一笔现金流，也是公司在低谷时期的一个重要产品。选择200元价位的红酒也是一件有讲究的事情，因为这是红酒从普通消耗品进入具有品鉴价值的一个重要门槛。王胜寒解释说，这个价位是一个分水岭，更适合深入挖掘酒的内容。

王胜寒还通过企鹅团推出了"醉鹅娘畅饮酒"，这是一款价格在20到40元之间的低价位红酒，适合年轻白领等群体，他们预算有限，但期望获得日常饮品红酒的需求。企鹅团采用了不定期限量销售的方式，曾经有一次，2000瓶红酒在15分钟内卖完。因为低价位红酒市场中没有强势品牌，企鹅团占领了市场的先机。

尽管有些传统的红酒从业者不满意醉鹅娘销售的低价红酒，

但仍然有许多红酒行业开始与醉鹅娘合作。王胜寒对企鹅团有着强烈的自信，她认为企鹅团是目前影响力最大的红酒自媒体品牌。

随着时间的推移，企鹅团的发展达到了王胜寒的预期，很快成了中国最大的红酒会员组织，有时单场直播销售额就能达到100万元，每年的交易额可达到2500万元。2017年1月，王胜寒在企鹅团的两周年生日晚宴上宣布，企鹅团获得了由青骢资本领投，真格基金和上海曙夕跟投的1500万元A轮融资。同年，王胜寒还被评选为福布斯中国30位30岁以下杰出创业者精英榜中的一员。

2018年以来，醉鹅娘连续三年在"双十一"购物狂欢节上获得酒水类网络销售冠军，在与茅台、人头马、百威等大品牌的竞争下，以内容变现获得3.5亿元的年收入。王胜寒现在是法国权威品鉴机构贝丹德梭的特邀酒评人，2022年1月25日，醉鹅娘宣称即将推出新品"醉鹅娘"红酒。她成功追求梦想，在红酒界转型并成功闯出一席之地，这证明了她的内心理想和对机会的把握能力，从而获得了她这个年龄段非常突出的成就。

小小包麻麻——细分人群带货人物IP

贾万兴是国内母婴内容电商的头部IP，也是我朋友圈里的多年好友，因此，我见证了他整个发展历程，以及做出的几个关键决策。个人感觉，他经常能捕捉到红利的原因是他野心不大，一直走的是非常稳的旱涝保收的路线。他的这个IP特点是只卡位一个人群——宝妈，持续地帮她们做选品和测评，然后获得这类人长周期的认同，围绕着她们的需求生产内容，并引领她们消费相应的产品，这就是他的核心模式。

面对有限的群体，为什么一年可以做到十位数的销售额，还保持稳定的利润率？首先，小小包麻麻创始人觉得大部分面向女性或宝妈的产品，无论是母婴，还是后来拓展的美妆护肤、吃喝玩乐，但凡单价高一点，如三位数以上的，都存在着一定程度的信息不对称，有的差距还非常大。这些宝妈和新女性，因为各种原因需要有人帮她们解决这个信息差，拉平认知，帮助她们做更准确的选择和决策，这就是小小包麻麻商业模式的底层逻辑。

如上所述，他顺利捕捉到了新需求红利，也找到了自己的卡位红利。小小包麻麻试图卡位"靠谱"标签——宝妈&女性选品里的靠谱。他的处理方式是，利用所有新媒体平台，在用户面前，尽可能把自己的IP完整地做全方位展示。无论是在私域里通过朋友圈、公众号推送，还是在公域里通过短视频、直播，都是在不停地强化用户认知。强调为了给她们做选择，做了哪些事情，让用户在一次又一次的交易中觉得他值得信赖。

这就是充分利用新媒体平台全域宣发，进行IP化的一个很好的案例。通过一次又一次认真的交付，用户的信任度不断地提升，潜移默化地在用户心中贴上"小小包麻麻很靠谱"这个标签。这样一来，用户一旦觉得市面上有需要去扫平信息差的新产品、新需求的时候，就会来找他。买错一次等于损失了十次正确决策的价差，跟对人物IP做选择回报率高。基于这个标签，小小包麻麻用了一年的时间，从一个亿做到几十个亿。

另一个他所捕捉的新需求红利，是他发现的另外一个真相——他跟那些大的电商平台如淘宝、拼多多、京东PK的时候发现，在标品层面的PK，人物IP基本上没有太大的竞争力，除非你作为一个供应商。但是要跟他们一样面对一个群体去服务的话，还是集中在这个非标品领域会有更好的竞争力。又因为迟早要跟这些平台做PK，所以他坚持找到自己的核心价值，找到自己用户的核心需求，顺应需求不停地通过生产相应的内容，比如选品采购、开箱测评、不停地直播等来强化。

在视频号崛起之后，他进一步强化了自己人物IP的人性化，彰显小小包麻麻依然喜欢每天直播，喜欢与用户在一起，去贡献更多有价值的信息、靠谱的产品，甚至是情绪价值，让用户感觉到他们的立场——极致地利他（他就是用户），而赚钱是利他的必然结果。因为只有利他，才会被用户持续性地需要，才能不停地通过口碑转介绍和优质的内容引进新的用户，去弥补自然熵增带来的老用户流失。

从小小包麻麻的创始人贾万兴的角度来看，以后商城型的电商平台会在标品这方面保持一定的市场份额，然后以抖音为代表的兴趣电商会在标品与非标品之间，占有独特的一席之地。会有许多类似于他这样的人物IP，专注于选择符合特定群体的产品，在内容维度做好差异化，在用户维系方面做得比别人更精细化一点，贡献一些独特的内容和情绪价值，一定程度上可以保持比较高的毛利，活得相对比较久。由此可见，基于信任、用户认同做人物IP，然后依附在那个阶段的新媒体平台和私域上的生意是可持续的，并不会因为各种平台的迭代有特别大的波动。

综合分析

两类跨周期的人物IP

网红之所以比明星更好带货，是因为他们展示的人设更加立体和直接，与粉丝更加亲密。通过展示更多生活细节、情感等增加人物象限，提高粉丝了解度和信任感，进而提高转化数据。打造更立体的IP，可以让网红在内容上展示多样的生活、工作、喜怒哀乐等情感体验。

人物IP化、规模化，效率奇高，变现效果很好

垂直产业的老板做抖音的一个另类之路就是在短视频平台上聚焦自己所在的行业，在垂直领域做到头部，让全行业的人都关注或看到这个人物IP。这个IP化的社交价值非常大，让自己产业的上游买家、下游供应商都认识、认同的人，是To B整合资源和驱动业务合作的大杀器，对成交大单和战略合作有非常大的优势。

做这个的人，最好在自己所在行业有十年以上的沉淀，有些基础的上下游关系利于起盘，其他例如做内容所需的能力和推广技巧都是其次，只要你对产业真的了解，你所生产的内容在抖音上就属于稀缺内容，抖音的大数据能力自然会把你做的内容推送到行业从业者面前，把他们拉到你的直播间。

从2016年起，笔者就开始践行商业人物IP化的模式，在社交媒体里写公众号推文、登台各种行业峰会、私享会做主题分享，

虽然效率没有短视频/直播高，但几年下来也在业界拥有一定影响力和高质人脉，对个人的创业项目达到十亿级营收，成为资本青睐的独角兽起到很大的支撑作用。现阶段，短视频和直播的内容形式和场景，更有助于商业人物，特别是创始人进行IP化塑造，所以更应该利用这波红利去构建影响力和业务壁垒，相对于笔者当年所花的时间和精力，必定事半功倍。

人物IP化知识点金句碎碎念

IP的势能、积累是需要时间来堆积的，因为在短视频平台要想做起来，其本质是要找到自己的观众缘。这个过程往往就是，有心栽花花不开，无心插柳柳成荫。我问过很多人，最后火的往往都是自己没料到的那一条。

想要成就人物IP，要么卡死一个超级标签，要么成为一个人群的引领者，要么你就卡住一个品类，要么你就垂直一个行业，这些都是可以做的路径。而且，随着专业度的提升，你输出的内容会逐步形成内容壁垒。

人物IP在很多领域，并不要求长得很好看，但是，最好有一定的记忆点。哪怕你的声线、你的声音有记忆点，那也都是加分项。可以极大地帮助你找到属于自己的观众缘，这样你获得成功的概率会比较大。

在现在这个众媒时代，要成为一个超级IP，确实得多个平台同时运营，容易有惊喜，也容易形成一定的壁垒。一旦你在一个主流平台如抖音起来之后，你就可以同步在视频号、小红书、快手等主流短视频平台，根据你的受众在那边同步开号。如果公司的人力有冗余，可以开设公众号、私域主题群、企微矩阵号留存用户，甚至有一些高净值的大客户，还要放到创始人自己的个人微信中去维系，这些都是护城河和长期资产，切记。

IP其实不见得要一直火，一直火是做不到的，更多的时候是你要先一直在，然后阶段性地拉势能。罗振宇为什么每年都坚持做一次跨年演讲？就是因为他知道至少每年都有一个稳定的输出IP影响力的地方，才能维持他的IP资产。

人物IP的塑造也是一个刻意练习的过程，没有人天生就是一个人物IP，都是练出来的。我认识的所有头部IP都是练出来的，你坚持每天拍、每天直播，在抖音和视频号上饱和曝光。随着你的内容越来越好，系统真的会帮你到处聚合，把你推出去，重点在要有持续性，然后通过持续性来押爆款。稳定更新确实会让平台给你比较高的权重，给予稳定的曝光、稳定的流量，毕竟平台对内容永远是渴求的。然后你要不停地迭代认知，刻意练习，迟早会找到自己的观众缘，在某个平台上出人头地。

在做内容的过程中，不要拘泥于各种限制，也不要太过拘泥于所在的领域，一开始也没必要刻意追求拍摄的质感之类的，事实上越是真实感强的视频越受用户欢迎。只要围绕着稳定曝光、稳定变现这两个核心目标就行。只要调性没有差太多就好。我已经看到很多例子，许多人火了之后回过头去看自己早期的视频和直播回放，一开始的呈现方式跟他现在被大家所接受的方式有着天壤之别。

如果你在一个领域有超过5年、10年、15年甚至20年以上的积累，那么你做IP能够卡位的领域其实你内心是有答案的，那如何对外呈现呢？你可以围绕要卡位的领域，结合你历史上的里程碑成果与事件，以照片或视频的方式做一个10年体、15年体的视频。只要看过的人，他会一步到位地对你有个全面、感性的认知、认同，并对你产生一定的信任，然后你在他心中就占有一席之地。这是一个捷径，而且非常好驱动宣传，就连你身边的人也会给你面子，给你至少做一次大规模的转发，势能会非常好，这招往往适用于开创一个新业务或发布新产品的关键时刻。

例如你学生时代是否是名校毕业的，有没有什么特殊的人生经历，或者是小天才读少年班的经历。笔者有个好友叫刘大铭，他就通过一个两分半的10年体视频，让3700多万人认识了他。每个人都或多或少能找到一些人生经历的亮点，因为没有一个人的人生是白纸或者与他人一样的。你可以穿插一些自己原创的认知分享，例如当初为什么在某个节点，做了一个重要的决定，给你带来什么样的变化。这样，用户就很容易对你产生认同，基于认同跟你产生共情，然后在你的引领下去接受你的观点和产品。

不要放弃在任何一个平台去留存用户和粉丝的机遇，随着积累，这个资产是非常惊人的。而且它是一个乘法关系，即人的数量、质量和对你的认知度，会随着时间的推移不停地被你的案例影响，你在他心目中就是最优选或唯一选择。这个力量是极大的，你会发现会有很多生意、机会和资源都来自日常的熟人里。一般情况下，普通客户用企业微信公众号，大客户用个人号，这个事情要坚持，IP迈向成功的一个很重要的点就是做时间的朋友。

　　为什么做时间的朋友？因为我身边这些成功的人里边，不乏有已经摸爬滚打了很多年，跨了好几个平台的，有那种超过10年的。可能之前他不知道自己在做IP，只是有针对性地去做自己的个人品牌。但是一旦有IP这个概念之后，会发觉这是个人品牌资产化，这个事情比较好量化，他才意识到自己其实是在做IP。就好像大众点评，直到移动互联网出现后才发现自己做的是移动互联网模式，而不是传统互联网。随着时间的推移，你所在领域的影响力真的会让你慢慢成为一个"山大王"，大家看到那个山头，只能看到你，只会想到你，这样你就赢了。

　　如果你要成一个细分赛道的王，那有两种做法：第一种，用短视频硬生生把自己堆起来，好处是你的基础量会比较好，一旦出了爆款视频，播放量和用户量都会激增。但是短视频的用户跟直播间的用户是两回事，直播间的用户离变现更近一些。很多品类都是这样的，而且只有短视频的变现一定会受到制约。相对直接开播，短视频制作压力大，销转压力小。另外，你也许只要发几条视频，把人设立起来，就能直接直播做销传。拍短视频是在立人设，阿正翡翠走的就是这种路线。

　　如果你手头握有一定优势的货盘与现金量，可以考虑稳定卖货以及做成IP的路径。可以先用短视频起号，通过垂直短视频找到真正的目标受众，并且打磨自己稳定的短视频内容输出能力。一开始还是用内容抓自然流量，有一定精准粉丝量打底，标签也明晰了之后，再用短视频+直播投流的方式来做。货盘和自有合作方一定要选优质标的，核心关注产品设计能力、选品能力和服务交付能力，这样起盘的生意不会太快，但营收稳定，且比较少出现差错。

任何人物做IP最开始一定要有一个明确的定位，明确自己要抓取哪个新卡位红利，然后用一段文字描述自己的这个卡位。这段文字得基于事实，并且论据要支撑你是这个卡位的第一名用户才好，便于消费者和合作方记住你。任何赛道里，品牌的迭代就像进化论，得有新的支线需求，上了规模自然会出现新的卡位位置。有品牌借势卡位这个支线品类的心智，并且市场规模成长到上百亿了，才有可能出现新的上市公司，这时候新品牌才有机会去颠覆原有赛道的王，成为新的品类之王。

我所接触的绝大多数达人，特别是头部和肩部级别的达人，起盘阶段基本都是借助一波大的新媒体红利，自己因某一篇文章、某一个视频、某一场直播或在某一个新闻事件里爆红，然后快速沉淀自己的粉丝和用户，围绕这群人去做相应的内容和设计相应的产品，在这过程中取得成功。初步稳定之后，就开始思考和打磨如何持续地生产内容，去保持红或半红不红一直在场的状态，这就是他们的日常。通过这种路径，把公司做大，跟其他老板不同，作为一个公司创始人，既得管日常经营，又负责日常内容生产，甚至还要做直播，公司整体利润率虽高，但个人其实是非常累的。

07

第七章

商业红利的持续性

私域模式的持续量变与质变

真实关注者是私域流量的关键，只有拥有真实的关注者，才能产生可靠的私域流量，并对业务产生显著影响。通过有效的线下活动、社交渠道以及与粉丝互动来提高关注者的真实性是非常重要的。

优秀的内容是私域流量的核心能力，只有不断提供优质的内容，才能使粉丝持续关注并保持活跃。通过吸引粉丝的兴趣，提高粉丝的参与度，并增加粉丝的忠诚度，来增强私域流量的效果。

数据分析和持续优化是私域流量的关键。通过对私域流量的数据分析，了解粉丝的行为和偏好，持续优化私域运营策略，以提高私域流量的效果。

私域运营需要遵循一些关键策略，例如使用真人、真手机号，通过基础的养护动作和可控的流量来保证微信号的持续性，提高朋友圈的互动频次和质量等。在私域运营中需要关注精细化的成本，并预测变现效率和利润率。

私域的构建需要持续地进行量变和质变。私域是企业维护客户关系的最佳场所，通过积累真实的私域流量和提供优质的内容，可以将私域流量转化为商业价值。重新认识私人领域的价值，每天积累100个私域，3年内可以积累10万多个。私域的构建需要持续不断地形成量变和质变，才能实现长期的发展。

【案例】

跟谁学（现为高途集团）的持续逆袭
紧跟商业红利迭代，实现可持续增长

笔者经常被问的一个问题：跟谁学踩到的新媒体、新需求、新模式三大红利，逻辑上大家都能踩，为什么就跟谁学强势增长？从百度关联搜索排名第一关键词来看，股民们也很好奇。

言归正传，个人之所以一直对跟谁学在二级市场的表现持乐观态度，哪怕是被连续做空也没变过，这是因为笔者从教培行业普世痛点——可持续的获客增长维度，拆解出其强势增长背后有三个支撑点：聚焦增量市场需求，高频推广能力，高客单转化力。

聚焦增量市场需求——全面覆盖目标客户所在地

看到这儿有人会想，将主目标市场定位错开半个身位。拿下二三线增量市场貌似不难，难点是定位后如何真正实现广触达这批潜在客户。要知道，在线教育产品越下沉，广告直投的效率越低。在这一点上，相对于友商全域品宣、重点采量策略，跟谁学为了保持高增长同时稳定利润率，选择了一切以ROI为主线的全域采量第一主导策略。

何谓真正意义上的全域采量？除了同类友商聚焦的信息流、

KOL、电梯广告、综艺冠名、网剧植入等品效渠道外，跟谁学把能触达目标客户群的可拓展渠道都扫遍了，例如抖音里几乎每个与教育相关的KOL都在卖高途9元课。

在线教育跟谁学上市一年来持续性的高增长从何而来？

差异化的核心目标市场定位是最容易被忽视的关键点，类似拼多多洞察了真正的下沉新兴市场，硬是在阿里和京东两分天下多年后崛起，形成三足鼎立之势。

在北上广深杭的从业者聚会上，经常会有人说少见甚至没见过身边亲朋好友的孩子上跟谁学的课。这就对了，当友商们因为一二线城市比较好转化而在红海血拼的时候，跟谁学选择了错开半个身位，主打二三线市场，一线市场轻度参与、二线市场一起抢滩、三线市场一枝独秀。

相对其他细分赛道，K12新兴市场的成熟度更快，双师大直播产品尤其适合这种打法。这点是跟谁学上市前15个月逆袭的关键，而上市后目标市场定位依旧是守二线、攻三线、布局一线。

这一点不好学在哪？

众所周知，教培产品的转化链条非常长，一旦整个组织的转化模型习惯了转化某类特定受众群体，主目标市场的调整是非常难的。组织越大，历时越久，调整幅度不亚于颠覆自身原有的运营模式，甚至连组织架构都得调。

全域采量概念大家都懂，实际上并不太好学习模仿。因为大多数教育品牌惯性聚焦程序化获客渠道，对非主流渠道基本浅尝辄止。这给习惯干脏活累活的跟谁学增长团队，留下了莫大的红利渠道空间。

在获客成本占比极高的教培行业，谁拥有挖掘新媒体红利的能力，谁就能在成本更可控的前提下实现规模化增长。

高频推广能力——持续升级的多对点交互系统

大家尤为关注的点，就是跟谁学通过构建自有矩阵，深挖基于社交生态的教育产品推广能力，通过高频、重复、多维触达，实现以点带面直接创收与心智卡位。

在做这个分析的时候，又仔细研究了跟谁学当前的矩阵规模，整体而言，相对前一年有类似其在二级市场股价表现的增长曲线。

在社交平台官方严管批处理工具的大环境下，依旧能实现这样的增长尤为不易。这点对机构的高管在此领域的认知与认同有很高要求，并且要找到合适人构建团队并能留住人，切实不易。

跟谁学旗下八个主体公司从去年的97个认证公众号增长到180多个，预估活跃粉丝从850万增长到超过1000万，继续在微信生态里保持大数量级的自有活跃粉丝，这还仅仅是活跃粉丝，粉丝总量远不止这个数字。

据统计将180个跟谁学的自有公众号的流量价值换算成推广预算的话，头条阅读量合计664028，头条阅读量可以基本理解为日活，也就是每年2亿多总阅读量，公众号软文阅读的市场均价是每个阅读2-3元，也就是说光这些号的推文广告价值就约为5个亿。

这样的社交内容交互矩阵搭建能力，需要教培行业乃至整个互联网行业都稀缺的专业技术团队配置，跟直投获客可以借助外力不同，这属于系统化的内功。

可见，跟谁学通过系统，在社交平台上把用户拓新、守旧、养熟、转化工作都做了，既省投放预算，又提升转化率与品牌认知度，真是把"新社交红利"给深深地挖掘了出来。

高客单转化力——强悍的点对点销售能力

前边我们提到，广告直投虽见效快，但下沉新兴市场普遍转化效率不高。如何解决这个问题又是一个降本、提效、保利润的关键。

相信上过各类K12机构体验课，加过其顾问老师的人，都能真切体会到这一点。

08

第八章

商业红利认知的聚合

合众：交流红利

随着时间的推移，新商业红利层出不穷，每个人能洞察到的、拿到的红利结果都有天花板。所以我发起了一招私董会，成功人士加入私董会有诸多的好处：

一、拓展红利认知，学习关于用流量做生意靠谱认知；

二、链接一手资源，群友生意都跟新媒体相关好合作；

三、有事群策群力，有问题有人答有人帮有人给对接；

四、同圈层能共情，独当一面无处交流同圈层好交流；

五、强者之间互卷，看到更强的人更加努力不再懈怠。

对于加入的成功人士，我邀请这些拿到结果的人过来分享他们的撒手锏。

老胡

他的一招 —— 产品分销

胡光成，杭州离线科技创始人兼CEO，公众号"老胡地盘"主理人，知识星球"淘客公园"创始人

取势、明道、优术之后

1.流量红利一直在，只不过战场一直在变化。从PC端到移动端，从微信到抖音，每一波机会里都可以诞生CPS（即CostPerSole，

是指按效果付费的结算方式）电商分销的巨大红利。

2.分销带货的形式也一直在变化。从最早的网站、App，到后面的微信朋友圈、微信群，再到今天的短视频和直播带货，每一波机会都会让一些人实现财富自由。

3.不要相信人定胜天，一定要顺势而为。流量在变化，我们也要跟着变化，否则注定被时代的车轮碾得粉碎。

4.随着互联网基础设施的不断完善，参与CPS电商分销的门槛也在逐步降低。以前必须是公司化运作，需要产品、技术、市场等多个岗位协同，而发展到今天已经是单独的个体也能利用社会协作，赚到年收入几百万甚至是上千万，这一点都不夸张。

5.我们做CPS分销想赚大钱，最好跟着大平台走。不管是跟淘宝合作，还是跟京东合作，抑或是跟抖音合作，从来都是借助这些平台的势能抱紧大腿，跟着大船走才好赚钱，才能拿到红利。

6.参与到大平台的某个业务当中，千万不要一上来就ALL IN（全部投入）重型资源，也不要规定自己一定要在多长时间内拿到结果。按照我过往跟各大电商平台合作的情况来看，一定要小步快跑，渐次加持，等最小化模型验证得差不多了，能赚钱了，再逐步投入，否则容易行不通。

7.做电商分销相关的业务，每一笔钱其实都是小钱，都是几毛、几块这样靠规模累加起来的，规模上来了就是大钱，是需要时间来熬的，不要一上来就先搞把大的，不愿意慢慢变富的人往往也不会快快变富。

8.互联网创业的唯一通途，就是找到一个细分领域，借助资本的力量达成垄断，然后收取垄断的收益。我们虽然做不到垄断，但是找到一个细分领域，赚到几十万，甚至几百万，是普通人通过努力就可以拥有的机会，在我所从事的电商分销、淘宝客导购领域，这种人比比皆是。

9.赛道大于业务，业务大于管理。很多时候我们都搞反了，把大量的时间用在内部管理消耗和有限的业务讨论中，而不能抽出身来看看我们的赛道和时机对不对，选择永远大于努力。比如今天我们搞电商分销，短视频直播赛道远远胜过我们过往的独立网站、App和微信朋友圈。

10.以前的赚钱结构是"公司+员工"模型，而未来一定会变成"平台+个人"模型，想想我们看到的抖音是不是这样。选准一个好的平台，找到一个你个人也能参与其中的赚钱业务，这就是红利机会，赚大钱的机会没有了，但是利用各种红利赚小钱的机会依然很多。

CiCi

她的一招 —— 高销转短视频创作

池文静，短视频制作公司创始人兼CEO

取势、明道、优术之后

1.产品决定GMV（商品交易总额）的上限，素材决定GMV的下限，再好的内容没有市场，也很难突破GMV量级。

2.ROI是广告内容好坏的衡量指标，好的广告内容要满足完播率的同时，实现转化，所以素材我们会拆成AB部分，A部分满足内容推荐算法，B部分完成广告转化指标。

3.研究素材是按帧研究的，专业的人知道哪个画面点击率高，哪个画面流失率高，从而迭代一个极致的产品素材库。

4.起量素材反复剪，反复拍，反复迭代，让运营反复地研究一个素材，远比研究更多的方向和创新更重要。这样可以把一个素材的流量利用到极致。

5.千川素材（一种批量投放工具）跑量的核心从更高的纬度来说是视频的消耗量级，点击、转化、完播都重要，但是从平台的角度来说就是平台为了消耗而搭建的。所以铺素材的量级也是一个账户跑视频的关键，起量的时候需要不断有视频跟上，接住流量，当视频被广告卡掉后也要及时有替补视频跟上。

6.从产品倒推内容，构思画面，所以抄素材一定不是只抄创意，需要通过产品分析，通过素材来筛选自己想要的人群。

7.可视化是转化的关键，所以要效果可视化、产品可视化、质量可视化。素材的重点是让产品被看到，而不是让创意被看到。

黄有璨

他的一招 —— 知识付费运营之道

有瞰学社创始人兼CEO，前三节课联合创始人，畅销书《运营之光》《非线性增长作者》

取势、明道、优术之后

1.做知识付费，总会有3种红利，抓住任意一种红利都能成就一个人或一家公司。

（1）流量和场景红利。如曾经的裂变增长红利、私域红利，还有大量用户的学习、使用场景迁移到抖音的红利。

（2）新品类红利。如我们在2013年时做产品经理，2016年时做运营，还有很多人2021年开始做短视频、抖音。

（3）垂直群体里的口碑破圈红利。如我一个朋友专注做创业者教育，用两年的时间专注于交付+口碑，最终实现出圈，这一波势能足够他们获益两三年了。

2.做知识付费的，一般有两种人，一种显著更偏向流量/营销型，另一种显著更偏向产品/交付型。

前一种人的成功，一般都建立在对一个流量渠道、一类流量打法的深度理解上。

后一种人的成功，一般都建立在选对一个品类或是一类用户人群，在他们之中积攒起超强的认同关系和口碑基础之上。

3.当新流量玩法、新流量场景层出不穷的时候，对流量更敏感的人更容易让自己的收益最大化。

但新流量玩法、新流量场景越来越少的时候，对产品/交付更敏感的人也许才更容易让自己的收益最大化。

4.绝大部分知识付费品类，都会是一个非标品的服务业生意。

对于这种生意，要想做得舒服且长久，一定要关注两个数据。

（1）产品纯利大于30%；

（2）年人效不低于70万元。

5.把知识付费当作长期生意做，和一波流式地追求"个体影响力变现"是两件存在本质差异的事，最好搞清你要做的事属于哪一种。

如果是想要做成长期生意，在启动后前几个月里，积攒起强口碑和涌现一批你的忠实用户会是决定性的因素。

6.知识付费是一个很多人皆可尝试入局的生意，但大部分普通人都不太可能在短时间内同时具备流量、产品、服务交付等能力。

所以，对大部分普通人来说，最好的入门方式，要么是先帮其他人分销你足够认可、喜欢的产品，要么则先帮其他人做好交付，且能在其中开始赚到钱，也积攒了流量、成交、交付方面的经验。

这样做的好处是，如果你确实喜欢这个行当，知识付费领域的投入和认知积累绝对是个可以跟时间做朋友的事。

7.做知识付费，对于你的变现，粉丝数不是决定性的。

你的"变现品类"是刚需、独特和精准，"产品形态"易于理解，容易快速Hold（把握）住，可能才是决定性的。

一个变现品类精准、产品形态犀利，但全网只有3万~5万粉丝的博主，很可能会比一个变现品类不明确，但全网有50万粉丝的博主变现能力要更强、更犀利。

8.知识付费有4种最常见产品形态：录播课、训练营、小班课/

小范围咨询，还有付费社群。

录播课只适合"影响力变现"和"短期新赛道红利"两种场景。

付费社群复杂度太高，大部分人拿捏不住——至少一开始拿捏不住。

只有训练营和小班课/小范围咨询是大多数人都能容易理解的，也能拿捏住的产品。

9.很多人想做付费社群的理由都是"可以有续费和挖掘LTV（客户终生价值）"。

但实际上，绝大部分的社群，都不会有续费，也不适合按照强续费的LTV模型来评估。

能有续费的社群，首先用户之间的潜在信息交互频次+信息交互密度足够强，其次应该符合以下两个逻辑其中之一。

（1）背后的实质是用户成长体系——让用户为"成长"续费，对你的服务交付有要求。

（2）用户对高价值信息的敏感度足够强，且对价格相对不敏感——让用户为持续不断更新的高价值信息付费，对你的信息更新+组织整理能力有要求。

10.要做年度续费的社群，不要一开始就卖一年。

最好先卖1个月，按月为单位先快速迭代+验证你的用户续费可能，然后再放大到一年。

另外，要做年度续费的社群，至少一两年里的社群首席服务官是你自己，不要让员工们来做。

用户如果要因为跟某个人之间的情感纽带选择续费，那个人也应该是你自己，而不是你的员工。至少头一两年是这样。

秋叶
他的一招 —— 高活跃度社群构建
张志，秋叶PPT创始人，武汉工程大学副教授，百家号自媒体商学院导师

取势、明道、优术之后

1.社群不是比谁的群人多，是比一群人在一起能量有多大。比如10000个素人群和1个大佬群，哪个更有价值？

2.好社群互相给资源，坏社群互相发广告。社群运营就是鼓励社群成员建立好的链接，不要总想着把对方变成自己的客户。

3.花钱买流量，会越来越贵，用心做社群，会越来越好。

4.社群运营的本质就是留住一个高价值老客户，胜过开发五个新客户。

5.做社群两个关键，一算能赚多少钱，二算要投入多少时间，单位时间产出不够，社群也做不下去，社群运营不能为爱发电，一开始就要想好怎么持续运营。

6.社群就三种商业模式：卖货、卖知识、卖人脉圈。

7.吸引人的社群运营，要不断创造新鲜感，每次来都觉得这里的玩法不一样，妥妥是体验经济。想运营少花钱，就要不断把做对的动作标准化，想办法省成本。

8.有复购的消费品和服务业，像美食餐饮、影院书店，一定要运营好社群，产品就是社群流量入口，社群就是私域营销阵地。

9.没有回报的社群，只是你运营的成本，建议解散，不要舍不得。

10.私域运营＝社群运营＋朋友圈营销＋视频号直播＋客服一对一。

陈勇

他的一招 —— 最优化转化率

六要素营销咨询创始人，畅销书《超级转化率》作者

取势、明道、优术之后

1.红利来的时候跑马圈地是最优解，红利结束的时候精细化运营＋提升转化率是最优解。

2.绝大多数企业的护城河是规模大，规模大就导致各种边际成本递减，使他人无法进入，而规模的前提是高转化。

3.企业之间的竞争是效率的竞争，效率之争的核心是提升各种转化率（包含：爆品研发的转化率、流量获客的转化率、复购的转化率、低价产品往高价产品跃迁的转化率等）。

4.在获客成本日益高涨的存量竞争时代，谁掌握了提高转化率的方法，谁就掌握了时代的主动权。

5.ROI＝营收/投入＝（客单价×销量）/（渠道计费单价×计费数量）＝客单价×转化率/渠道计费单价，因此要想ROI高，就必须提升转化率。有了高转化，大规模投广告就是战略级选择。

6.广告投放追求是全局最优解，而不是局部最优解，要考虑

流量转化的效率，也要综合考虑供应链是否跟得上。

7.超级转化率=转化率1×转化率2×转化率3×……只有提高每一步的转化率，才能让最终转化率大幅度提升。

8.细节里面不仅有魔鬼，还有很多很多利润，我们要拆解用户旅程（曝光到成交全过程），挖掘利润金矿，持续增长。

9.好作品是改出来的，就像高转化率是一步一步优化出来的，没有一步到位的辉煌，只有日积月累后成王。

10.你是什么不重要，客户认为你是什么才重要，要缩短客户决策时间，就要把产品的卖点转化为客户的买点。

11.不以专业审美标准来要求目标受众，不要为了美学而让受众觉得陌生，大多数企业的设计追求好看，但是营销追求效果和订单，设计是为营销服务的，因此要改变设计岗位人员的认知。

12."知道"和"做到"之间隔着100个实践，先僵化再优化，然后固化，最后规模化。

小Q

他的一招 —— 视频号洞察

刘硕裴，曾在腾讯任职14年，原腾讯直播商务总监，腾讯认证高级讲师

取势、明道、优术之后

1.视频号平台不是一个好大喜功的平台（不做榜单、不捧头部、不做买量），而是对平台的安全性、健康度和可持续性十分重视的平台。

2.微信的普惠价值观——从10年前的微信公众号开始，微信就一直有三不做：不外显粉丝量，不外显10万+后的阅读数，不做榜单。

3.珠宝商家和视频号的用户属性太搭了，视频号主力年龄段的用户有钱、有闲、有品位，是珠宝最好的用户群体。视频号的卖货逻辑：先人后货，先立人设，后卖产品。

4.抱团取暖的视频号玩家会逐步走强，而这类玩家不互相"卷"，都各自有职业操守和业务边界，就好像中国快递公司的几家头部大都出自一个浙江的小镇，这就是沿海地区形成的商圈文化，封闭式高信任度的圈层体系，各自为战，做大市场。

5.慢火烤全羊的运营风格已经逐步开始变成乘风破浪的激情状态，这是对视频号的考验，也是对视频号玩家的考验，在快与慢之间，找到博弈的临界值。

6.一个平台就像一个天平，供需平衡才能使生态健康。

目前来看，视频号属于供给侧严重不足，入驻商家才不到100万，活跃度并不高，而淘系每天有几十万活跃商家，抖音、快手也是同一体量。

所以平台最需要的是带资进组的中小商家，虽然他们体积小，但是体量大，符合平台发展的需求。

7.羊了个羊的爆发，再次印证了微信是天然的傻瓜游戏的天堂，在一堆游戏制作人嗤之以鼻的时候，张同学（指微信创始人张小龙）已经把单日投放规模从20万拉到千万规模，甚至做二创的短视频作者都能日入几十万。

8.不是视频号偏向中老年，而是微信约等于中国的全量用户，是中国老龄化导致了这样的用户画像出现。

9.公众号博主们最知道什么是用户情绪，什么是社交货币，什么又是人性的光辉与阴暗。所以视频号的用户还是需要视频化的公众号爆文，来满足已经退化的文字阅读能力和真伪甄辨能力。

景红红

她的一招 —— 快手营销

红顶天文化传媒（北京）有限责任公司创始人兼CEO

取势、明道、优术之后

1.DAU（日活跃用户数）3个亿的平台在发展期一定存在商业红利，任何产业都有机会在这些平台上实现规模和效率的提升。

2.存在即合理，不要用我们固有的认知去认识快手用户的认知。

3.作为平台服务商，要想抓住平台流量红利实现超额利润，要么掌握了在平台获取低成本流量的方法论，要么抓住平台的产品革新机会。

4.最了解平台用户的是平台的创作者。

5.爆款内容是可以批量化生产的，70%爆款相似×足够多的经验=99%爆款，创意=足够多经验的积累+悟性。

6.短视频内容创作切忌自我满足。内容创作需要根据用户行为数据分析来判断用户需求，针对性调整营销方向。在直播短视频时代，用户需求迭代的周期为2~3个月。

7.天下武功唯快不破，永远要比同行快，发现商机要快，洞察要快，做策略要快。在平台产品、算法快速迭代的时代，能比同行快就是重要的核心竞争力。

8.在快手生态，真诚是内容的必杀技，爆款内容需要满足用户的平等表达需要，以及符合被他们认同的普通大众心理。

9.先做用户，再做客户。想投放快手平台，先拥有100小时用户体验。

10.想抓住流量红利，就要找到某方面用户需求的最大公约数，而非单纯追求极致的产品或服务。

11.快手的存在，可以加速品牌建设和规模增长，但品牌背后的团队、产品研发、产品加工、售后服务等方面的沉淀积累一点也少不了。

12.做内容营销，内容是核心，人是灵魂。这和墙体广告没有本质区别，朗朗上口容易被大众理解的广告语，比创意的炫酷更重要。基于人产生的真实并有情绪价值的内容创作也是商业化的首选。

尾声：18年一事的初心

初心：助力良币在公开市场驱逐劣币让更多人受益

真正好的产品和服务，永远是商业世界的根基。笔者在十几年的从业历程特别是北漂的十来年里，见证了许多好的产品和服务，看到许多企业家、创始人，因沉浸在自己公司的日常经营中，而忘了抬头看路，看看大环境，特别是商业世界的变化，从而错失了一波又一波的红利，公司增长停滞或者黯淡出局。而许多产品和服务相对逊色的"劣币"反而大行其道。

希望本书可以给大家带来一些启发，助力更多良币创始人扬帆新商业世界，在公开市场驱逐劣币，让更多人受益。

最后多说一句，很多人没意识到的一点——"良币自带驱逐劣币的使命"。共勉。